从厌学到愿学

怎样激活孩子学习自驱力

戴东 —— 著

民主与建设出版社
·北京·

© 民主与建设出版社，2025

图书在版编目（CIP）数据

从厌学到愿学：怎样激活孩子学习自驱力 / 戴东著.
北京：民主与建设出版社，2025.7. -- ISBN 978-7
-5139-4968-2

Ⅰ．G791；G78

中国国家版本馆 CIP 数据核字第 2025QU0358 号

从厌学到愿学：怎样激活孩子学习自驱力
CONG YANXUE DAO YUANXUE：ZENYANG JIHUO HAIZI XUEXI ZIQULI

著　　者	戴　东
责任编辑	刘　芳
封面设计	济南新艺书文化
出版发行	民主与建设出版社有限责任公司
电　　话	（010）59417749　59419778
社　　址	北京市朝阳区宏泰东街远洋万和南区伍号公馆 4 层
邮　　编	100102
印　　刷	涿州市京南印刷厂
版　　次	2025 年 7 月第 1 版
印　　次	2025 年 7 月第 1 次印刷
开　　本	710 毫米 ×1000 毫米　1/16
印　　张	13.5
字　　数	161 千字
书　　号	ISBN 978-7-5139-4968-2
定　　价	58.00 元

注：如有印、装质量问题，请与出版社联系。

序言

亲子同心，为孩子打造快乐的学习旅程

不知从何时起，由于家庭、学校、社会以及自身成长的压力，孩子变得越来越不爱学习了。他们从主动学习走向被动学习，甚至走向厌学。这个过程太痛苦了，甚至学习好的孩子，也会变得很痛苦。

很多家长认为，成绩优异的孩子面对学习应该是很快乐的。然而，我接触了大量的家庭之后发现，孩子在学习中获得快乐的能力和孩子的成绩没有必然的联系，而是与孩子对学习的认知、对学习的兴趣，是否会做情绪处理，以及成长环境、性格有非常大的关系。

一、孩子厌学的三个阶段

我专注家庭教育近 20 年，在服务了上万个家庭后发现，有 98%

的孩子存在学习动力受损，以及不同程度的厌学问题，这让孩子和家庭苦不堪言。根据孩子厌学的心理和行为，我总结了孩子厌学的三个阶段，即轻度厌学阶段、中度厌学阶段、重度厌学阶段。

1. 轻度厌学阶段

家长可以将孩子的行为和下面的内容进行对照，检测孩子是否存在厌学的表现。

第一，孩子对学习缺乏兴趣，不愿意学习新知识，认为学习无聊、枯燥、乏味。

第二，上课注意力不集中。

第三，总是推迟学习、做作业，或者对学习表现得不耐烦，即便在家长监督的情况下，也会出现敷衍的行为。

2. 中度厌学阶段

一旦发展到中度厌学阶段，孩子就会出现明显的抵触学习的情绪和行为。比如，沉溺于玩游戏、玩手机、看电视等娱乐项目；经常性地逃课，或者假装生病让家长向老师请假，以此逃避上学；不愿意面对同学和学校，即使来到学校上课，也容易分心，难以完成学习任务。

3. 重度厌学阶段

孩子在重度厌学阶段的典型表现为：缺乏自尊和行为异常。

具体表现有：夸大并泛化学习问题，产生恐惧、极度自卑等心理；易怒、易激动，以及产生其他情绪波动较大的表现；进入学校后出现头痛、肚子痛、胳膊痛等躯体化症状；休学或辍学。

在重度厌学阶段，家长若想解决孩子的学习问题，首先要解决孩子的心理问题和情绪问题。

二、家长常用的解决方法

请各位家长认真思考，当孩子出现上述问题时，你通常会用什么方法解决？

据我了解，家长主要的解决方法有：奖励、惩罚、打骂、监督、比较。例如，一些家长会跟孩子强调，只要你做完这件事或者达到某个目标，我就给你买你想要的某件物品；也有家长会跟孩子说，你如果没有做到某件事，就要接受惩罚；也有一些家长习惯选择监督孩子，比如，家长会看着孩子写作业；还有一些家长经常将自己的孩子同他人的孩子进行比较。

我把这些方法称作外部压力。无论是奖励还是逼迫，对于孩子而言都属于来自外部的压力。为何大部分家长喜欢在孩子身上强加外部压力？家长认为，不主动学习的孩子，如果缺少外部压力，会对学习更加懈怠，所以要使用外部压力的方式让孩子学习。

家长如果用外部压力处理孩子的厌学问题，很容易和孩子共同陷入无奈、无力、疲惫，不但无法解决孩子的厌学问题，还会影响亲子关系。从心理学中著名的德西效应[①]来看，家长若一味把奖励作为外部

[①] 德西效应认为适度的奖励有利于巩固个体的内在动机，但过多的奖励有可能降低个体对事情本身的兴趣，降低其内在动机。

动力，促使孩子学习，长期下来孩子往往反而厌学，最终必然得不偿失。奖励尚且如此，惩罚等手段就更难以起到正向作用了。此外，脑科学中的"毒性压力"也可以解释这一问题。如果用打骂、施加管教压力的方式管控孩子学习，孩子的肾上腺就会分泌一种叫皮质醇的激素，而皮质醇大量积累，就会削弱大脑的两个重要器官——海马体、前额叶皮质的功能，这两个器官分别控制着人的记忆力和逻辑思维能力，从而降低孩子的学习效率。因此，家长一味地用催促、打骂等手段逼迫孩子学习，肯定会影响孩子的学习。

我希望各位家长能够意识到，不能运用制造外部压力的手段强迫孩子学习。恰恰是这些错误的养育手段，致使孩子逐渐陷入不同程度的厌学困境。

什么方法能够帮助孩子喜欢学习？早在两千多年前，孔子便提出："知之者不如好之者，好之者不如乐之者。"这句话的意思是懂得学习的人不如喜爱学习的人，喜爱学习的人不如以学习为乐的人。

如果我们能换个视角，激发孩子内在的学习动力，激发孩子的内驱力，让他以学习为乐，进而爱上学习，主动去学习，那么学习问题就自然而然地解决了。

我相信，家长朋友认识到这一点后，再看待孩子的学习问题时，至少会在一定程度上减轻焦虑，因为一旦看清了事物与问题的本质，再运用恰当的方法循序渐进地推进，事情自然会朝着好的方向发展，取得理想的效果。

我为什么提倡家长在学习教育孩子的具体方法的同时，还要注重学习并掌握心法？原因在于每个孩子面临的问题各不相同，所以无法用统一的方法应对每个孩子的问题。我们需要具备根据实际情况灵活创造出各种适宜方法的能力。这样的心法和内在能量，才是子女教育过程中真正需要掌握的关键与核心所在。

其实，激活孩子自主学习力最重要的心法就是四个字——顺应人性。所谓人性，就是人专有的那部分属性，是人天生具备的本质。顺应人性是指了解和满足人的天性、需求和欲望，遵循人的固有规律行动。很多家长会发现，越是给孩子讲道理，孩子的逆反心理越重。这就是没有顺应人性造成的。

在教育孩子的过程中，家长怎样才能做到顺应人性、顺势而为？我会在本书向大家详细地介绍底层逻辑和方法，告诉大家顺心省力的有效途径，以及如何唤醒孩子内在的自驱力。

所谓顺心省力，是孩子与家长实现双赢的结果。顺心顺的是孩子的心，省力省的是家长的力。我们坚信，经过正确的学习指导，家长就不会再内耗，节省了精力，孩子也不会排斥学习，从而改善亲子关系。

各位家长，也许你的初衷只是解决孩子不催不学、效率低下、学习动力不足等问题，但我相信在家长学习与成长的过程中，孩子收获的不仅仅是被唤醒的学习动力，更重要的是越发和谐的家庭氛围、父母的为人处世之道，以及正确的教育理念与方式，这些必然会激发孩子无限的生命动力与能量，让孩子受益终身。

目 录

第一篇 以爱滋养：激活学习动力源

被爱滋养，才会从内在生发动力　003

拒绝以爱为名的控制，给孩子无条件的爱与支持　008

聚焦收获，让孩子在学习中获得快乐　014

学会赞美，成为孩子的能量加油站　019

正向沟通，让孩子时刻拥有强大的感觉　027

良好体验，成为激活学习自驱力的催化剂　034

第二篇 养成习惯：强化学习动力源

培养好习惯，孩子自主学习省心又省力　041

交还学习自主权，让孩子成为学习的掌舵者　049

巧用游戏激励机制，用成就感激发孩子的学习动力　054

及时强化，让学习热情持续高涨　065

巧用碎片化时间，让孩子进入高效学习状态　072

从兴趣出发，家长巧妙引导孩子学习　078

扫除孩子"心魔"，让孩子重拾信心　082

第三篇　走出厌学：重启学习动力源

探究孩子辍学与休学的诱因，正确处理各种关系　089

应对孩子辍学、休学，家长必须知道的关键点　100

孩子从休学到复学经历的八个阶段　108

从忽视到赋能，家长的七个成长阶段　119

理解与接纳，携手孩子摆脱厌学困境　126

对抗焦虑和抑郁，家长须提供有效陪伴和情绪疏导　136

重建情感联结，引导孩子远离电子游戏　150

助力孩子克服自卑心理，健康成长　159

有效沟通和开导，增强孩子复学的信心　166

全面准备，平稳度过复学适应期　176

多元选择，探索孩子未来多种人生道路　185

齐心协力，家庭共同支持孩子勇敢前行　194

后　记　203

/ 第一篇 /

以爱滋养：激活学习动力源

被爱滋养，才会从内在生发动力

孩子出现厌学问题，不仅孩子感到无力，家长也会感到痛苦。孩子是怎么一步一步地走向厌学的？厌学的孩子经历了哪些心理的变化？我们需要剖析他们的心理，从根源上解决厌学问题。

一、孩子厌学的心理发展过程

孩子厌学的心理发展过程分三个阶段。我们来看看孩子在每个阶段到底经历了什么。

1. 自我迷茫阶段

处在自我迷茫阶段的孩子的内心独白是：我对学习没有兴趣，并不是没有动力。

这是学习动力缺失的先兆。处在这一阶段的孩子认为自己不是不爱学习，也不是不会学，而是对学习不感兴趣。他们很可能每天都在迷茫：学习这件事到底有什么意义？我为什么每天都要学习，为什么每天都要写作业呢？长此以往，孩子走不出迷茫的状态，对学习的体验会越来越差，甚至反感学习。据我多年观察，处在这一阶段的孩子以学龄前至小学三年级的孩子为主。如果家长在这一阶段不干预孩子的行为，或者干预的方向错了，那么孩子很可能会发展到第二个阶段。

2. 自我怀疑阶段

处在自我怀疑阶段的孩子的内心独白是：我很想好好学习，却学不好。这个阶段的孩子以小学三年级到初中的学生为主。

他们听家长、老师讲了许多道理，也意识到学习的重要性，明白自己要好好学习。在家长的催促下，他们也会拿起书本开始学习，只不过会伴随着心不在焉、错误百出等表现。然而，在努力了一段时间之后，一旦看不到成果，就会出现不愿意写作业、被动学习等抗拒学习的行为。此时，再加上一些外界的负面评价，比如"你不行""你不能""你做不到，你没有别人好"，他们就开始怀疑自己，逐渐失去对学习的信心。

如果家长在这一阶段不干预或者干预不当，那么孩子就会发展到第三个阶段。

3. 自我保护阶段

处在自我保护阶段的孩子的内心独白是：别催我学习，越催我越不想学。通常，这些孩子以中学生为主，他们对学习乃至自己不抱任何希望，处在一种自我封闭的状态，而在孩子心里，这种做法就像给自己筑了一道高墙，是一种自我保护。一旦进入自我保护阶段，他们常常会与家长对着干，要么抱着"破罐子破摔"的心态，以不上学要挟家长；要么直接选择躺平摆烂，放弃努力。如果家长不对处在这一阶段的孩子的行为加以干预，任其发展，那么孩子很有可能发展出逃学、休学，甚至伤害自己等行为。

以上就是我总结的孩子动力缺失常见的三个阶段，包括孩子在各阶段内心的真实想法及其心理变化过程。如果你的孩子不在这三个阶段当中，这意味着你在用正确的方法培养一个热爱学习、对学习有浓厚兴趣的孩子。如果你的孩子恰好处在这三个阶段当中，你也不用过度焦虑，只要你还愿意学习如何正确地爱孩子，那么一切都会有转机。因为被爱滋养的孩子才会热爱学习，才会从内在生发动力去改变。所以我要教大家一个心法——爱是孩子愿意自我成长、持续学习的能量源。一个人绝对不会因遭受批评指责而产生改变，其改变的根源在于他感受到了爱。爱才是孩子进步的动力源、能量源，只有感觉到被爱的孩子才有生长的原动力和能量。

英国曼彻斯特大学心理学教授埃德·特罗尼克（Edward Tronick）做过这样一个实验。实验中，当妈妈和幼小的孩子打招呼、玩耍时，孩子会给妈妈反馈，同时，妈妈的目光和表情会追随着孩子，并且给予孩子鼓励，和孩子积极交流，孩子也很喜欢这样的互动过程。但是，如果妈妈改变表情，由热情回应变为面无表情，无论孩子做出什么举动，妈妈都表情空洞，孩子就会感到不安，他会尝试笑、指向远处、挥舞胳膊、大叫、哭闹等多种方法，以引起妈妈的关注和回应。如果妈妈还是面无表情，孩子没有得到正常反馈，他就会马上表现出负面情绪，感觉到巨大的压力，甚至崩溃与绝望。直到妈妈恢复正常状态，孩子的情绪才会逐渐稳定。

这个实验叫作"静止脸实验"，该实验说明孩子能够感受到父母的爱，父母的爱是孩子成长的能量。因为对一个还没有独立自主生存能力的孩子来说，如果他失去了父母的照料或者回应，等待他的就只有死亡。所以各位家长，对小孩来说，父母突然消失不见，或者父母对他说"你是个坏孩子，爸爸妈妈不再喜欢你了"，这些都是对他最残忍的惩罚。所谓"无回应之地，即是绝境"，就是这个原因。

二、家长如何让孩子感到被爱

只有被爱滋养长大的孩子，才可能健康成长，有热爱学习的能力。家长怎样做才能让孩子感受到被爱呢？

1. 和孩子有一定的肢体接触

比如，在每天出门时抱一抱孩子，或是亲亲他，通过这些亲昵的举动，让孩子感受到爱与关怀。

2. 用语言向孩子表达爱意

比如，经常对孩子说"妈妈爱你""爸爸爱你"之类的话，让孩子在语言的滋养中，内心充满安全感和温暖。

3. 及时回应孩子

如果孩子跟你说话、哭闹，你要尽量做到及时回应。拒绝、漠视等行为，容易对孩子造成伤害。

4. 对孩子发火后要有一些补救措施

有家长表示，自己的脾气不好，有时会对孩子发火，该怎么办？没关系，及时向孩子道歉，承认错误。"对不起，孩子，爸爸刚才没控制好脾气，对你发火了。""妈妈刚才心情不太好，没有理你。"其实有些时候，事后补救也很重要。

家长可以做一个检测，用来检验上述做法是否有效。可以问孩子几个问题。第一个问题：你爱不爱父母？不管得到的答案是爱还是不爱，家长都要追问孩子原因。之后，家长可以问第二个问题：你觉得父母爱你吗？孩子回答后，家长还是要追问原因。通过这样的交流，家长能了解孩子感觉家长爱他或者不爱他的具体原因。

明白了原因之后，家长就能针对性地做出改变，如此一来，孩子日后就更愿意以积极沟通的方式与家长相处。家长就可以知道自己应该朝哪个方向努力，逐渐地为孩子的精神动力系统输送能量，提高孩子与家长沟通交流的意愿。

拒绝以爱为名的控制，给孩子无条件的爱与支持

2016年，心理学博士徐凯文提出了"空心病"这个概念。空心病是由价值观缺陷导致的心理障碍，症状为觉得人生毫无意义，对生活感到十分迷茫，不知道自己想要什么。

一部分家长可能会问，现在的孩子到底怎么了？为什么会得"空心病"？这一现象应该引起家长的高度关注，思考怎样才能让自己的孩子远离"空心病"，健康快乐地成长。

请各位家长思考一下，你是否对孩子说过这样的话："我辛辛苦苦的还不都是为了你，你就不能争气一些吗？""你只要乖乖听话，我们就能满足你的要求，你要是不听话，我们就再也不理你了。"

有些家长可能会问，家长跟孩子说这些话，跟孩子不爱学习，出现"空心病"倾向有什么关系？接下来，我将通过美国心理学家哈

里·哈洛（Harry Harlow）于20世纪50年代所做的恒河猴实验为大家解答这一疑问。他在一篇名为《爱的本质》（The Nature of Love）的文章中介绍了该实验。

哈洛的恒河猴实验一共分五个阶段。

在实验的第一个阶段，哈洛博士将刚出生的幼猴和母猴分离，并给幼猴找了两个能够替代母猴的假猴——一个是铁丝网猴子，它有一个装置，可以给幼猴提供奶水；另一个是绒布猴子，它非常温柔、温暖，但是不能为幼猴提供奶水。哈洛博士发现，幼猴只有在饥饿难耐时，才会找铁丝网猴子喝奶，其余时间都与绒布猴子在一起。哈洛博士由此得出了第一个阶段的结论：爱源于接触，而不源于食物。

在实验的第二个阶段，哈洛博士发现，幼猴一旦受到惊吓或者攻击，就会马上扑到绒布猴子的怀抱中，以求安慰。这一阶段的结论是，爱是孩子寻求安全的避风港。

在实验的第三个阶段，哈洛博士对绒布猴子进行了一些改造：当幼猴抱着绒布猴子时，绒布猴子会向幼猴射出钉子或者喷出冷水，幼猴就被打得哇哇乱叫，迅速逃离；一旦绒布猴子停止攻击，幼猴会再次义无反顾地扑到绒布猴子怀里。这一阶段的结论是，孩子爱母亲是本能。

第四个阶段，这些被绒布猴子"带大"的幼猴长大了，被送往正常的猴群，结果它们中的绝大多数都出现了反群体行为。比如，具有攻击性，有自残行为，甚至无法交配。尤其是那些被绒布妈妈攻击过的幼猴，显得更加暴躁。

　　哈洛还想知道被绒布猴子"带大"的幼猴会繁衍出怎样的后代，于是又进行了进一步的实验。实验结果令人心惊：这些猴子生育了后代之后，大多数会直接杀死它们的后代，还有一些对自己的后代毫不关心，只有极少数表现还算正常，然而它们对其后代的养育行为极其迟钝。

　　由此可见，孩子会直接通过家长的言行感受到自己是否被爱，而这一感受又会对孩子的身心发育、人格发展影响深远。所以，家长对孩子说的每一句负面的话，都会阻碍孩子的健康成长。

一、杜绝以爱为名的控制

　　需要爱是孩子的一种本能。究竟什么是爱？每个人的理解是不一样的。如果父母的理解存在偏差，给孩子的是"有毒的爱"，或者父母认为给了孩子爱，孩子却难以感知，或者给了孩子以爱为名、实则向孩子索取的爱，这些都会对孩子的一生产生深远影响。

　　作为父母，你给孩子的爱是有条件的爱，还是无条件的爱？还是打着爱的旗号在控制孩子？我相信，绝大部分家长都尽可能地为孩子提供生存保障，尽自己的最大能力保障孩子的衣食住行。那么，除了给孩子提供物质保障之外，还要向孩子提供什么？我们要不要让孩子有积极阳光的心态？要不要让孩子健康快乐地成长？所以，家长不能只向孩子提供物质保障，还要向他们提供足够的精神保障，要有回应、理解、认同和尊重。

有很多家长只知道向孩子提供足够的物质保障，在精神保障方面却是严重匮乏的，这会导致孩子对学习和生活缺乏动力甚至引发更多的问题。

通过恒河猴实验我们可以得知，孩子是很爱父母的，孩子在小的时候很希望寻求父母的认同。如果是控制型的父母，孩子为了获得爱，就会听从父母的一切安排；如果是交换型的父母，孩子为了获得爱，也会答应父母提出的任何要求；如果是溺爱型的父母，孩子就会特别依恋父母、依赖父母，不相信自己的能力。

此外，孩子叛逆其实是在寻求认同，而这种互动的模式也是在孩子成长早期形成的。孩子成家之后，很大概率会将他与父母的互动模式逐渐转移到另一半身上，原因是他的这种思维习惯已经根深蒂固了。

各位家长可以想象一下，假如有一天你的孩子最爱的人变成了他的另一半，他会倾向于听谁的话？如果你跟他的另一半产生冲突，他更偏向于谁？所以，家长要帮助孩子从小养成一种认知——我爱你，所以你不用听命于我；我爱你，所以你可以努力成为更好的自己。家长要告诉孩子，他们应该在自己力所能及的范围之内，锻炼自己的判断能力和决策能力，找到属于自己的正确答案。

讲到这里，请各位家长回顾本节开头的那几句话："我辛辛苦苦的还不都是为了你，你就不能争气一些吗？""你只要乖乖听话，我们就能满足你的要求，你要是不听话，我们就再也不理你了。"这些话的问题在于，它们让孩子很容易产生错误认知：比如认为打骂是爱；我只有成绩好，才配得上父母的爱；我只有听话，才能被父母爱。家长时常说这些话，孩子只能感受到有条件的爱，而父母应该给孩子无条件的爱，让他成为更好的自己。

有的家长为了让孩子提高学习成绩，会采取打骂的方式教育孩子。他们认为，如果孩子学习不好，就会影响未来的发展，自己也会没有尽到家长的责任，是失败的家长，别人也会认为自己不会教育孩子。在这种心态下，家长难以接受孩子表现不佳，进而容易采取极端的手段逼迫孩子学习，孩子就会叛逆、对抗，严重影响亲子关系。此时，家长与孩子之间产生的不是助力，而是消耗。

家长如果有希望孩子变好的愿望，就会有动力采取正确的教育方式。孩子感受到快乐、幸福，就有强烈的意愿和家长共同努力实现目标。在这种情况下，孩子和家长之间就会形成共赢的局面。

例如，一个小学生不愿意学英语，家长是这样处理的。家长对他说："孩子，我们很想带你走遍世界，但是我们不会英语。你能不能从现在开始好好学英语，然后给我们当翻译呢？"这个孩子听后就比较开心，自己好好学就能给爸爸妈妈当翻译，这是一件特别自豪、非常荣幸的事情。

二、爱是孩子学习的动力源

爱是孩子学习的动力源，如同一盏明灯照亮孩子探索知识世界的道路。爱是一切教育的基础，也是一切关系的基础。大家一定要记住这句话：关系大于一切。当孩子感受到父母毫无保留的爱与理解时，他会在心底滋生出强大的自信与安全感，这种积极的心理状态就是其学习的内驱力。相反，如果没有良好的关系，孩子内心抵触，则不利于教育的开展。

童年时期是孩子成长的黄金阶段，这时期的教育胜于成人阶段的教育，就像给幼苗浇水施肥，能决定它未来的生长态势。全家共同学习时，孩子能从父母身上看到对知识的渴望，有助于形成良好的学习氛围，效果优于独自学习。在家庭中，和谐恩爱的夫妻，能为家庭营造温馨稳定的环境，孩子在这样的环境中成长，亲子关系自然亲密无间。而良好的亲子关系则是孩子接受父母教育的情感桥梁。

因此，我们优先探讨爱，因为只有开启这一动力源泉，后续的教育方法才能不断涌现。那些潜藏在孩子内心深处、推动孩子学习与成长的能量与潜力，才能被充分激发，助力孩子收获成长与进步。

聚焦收获，让孩子在学习中获得快乐

有很多家长认为教育孩子越来越累，我认为是家长用错了方法。在我们身边也存在不少以学习为乐的孩子，这些孩子是怎样被培养出来的？其实，这和他们的家庭环境有很大关系——孩子自己喜欢学习，家长也能给他们一些帮助，这样孩子和家长就会朝着一个方向努力，就容易出现孩子越来越好、家长越来越轻松的双赢结果。如果家长使用了一些错误的方法还不自知，就容易出现孩子不愿意学习，却要被家长逼着学习的现象。

一、容易产生错误教育方法的三类家长

家长为什么会产生错误的教育方法？原因在于家长形成了一个错误的认知，即认为学习是一项苦差事，并且坚信只要逼迫孩子学习一

段时间，孩子以后就会自然而然地喜欢学习。我把具有这种认知的家长细分为三类。

1. "画饼派"家长

这类家长反复向孩子灌输：只要努力学习，考上一所好大学，就能够拥有美好的人生，就会收获幸福，如果不好好学习，将来就不能出人头地，就会过苦日子。

2. "卖惨派"家长

这类家长经常对孩子诉说自己养育过程中的艰辛，自己这么辛苦都是为了孩子，孩子如果不认真学习就是对不起父母。

3. "大棒派"家长

这类家长经常把威胁当作教育孩子的法宝。他们经常把"你写作业如果再磨磨蹭蹭的，你考试如果再考不好，你看我怎么收拾你"之类的话挂在嘴边。

在这三类家长的认知里，学习是痛苦的。当家长向孩子传递了这种认知，孩子就会自然而然地认为，为了自己的前途，现在就应该吃苦；如果我不能好好学习，那么我将来就会受很多苦，父母也会感到难受。这就容易造成一个问题：一旦孩子形成了"学习是苦的"这种认知，他就很难再自觉地、主动地去学习。毕竟趋利避害是人的本能，谁愿意主动吃苦呢？

实际上，学习本身并不存在苦与甜之分。人们之所以会对学习有痛苦与快乐的区分，是因为各自的认知存在差异。一旦对学习产生错误的认知，就会导致错误的行为和方法，而错误的方法和行为就会导致错误的结果，使自己偏离目标。

二、从学习中获得成就感

有些孩子不用家长催促，自己就会主动学习，并且对学习充满热情。这是因为，他们在学习中体验到了快乐。人都会追求快乐，逃避痛苦，快乐是人们能够持续做一件事情的动力。因此，家长应该认识到，让孩子认识到学习的快乐，远比逼迫他们学习更为重要。家长不仅要告诉孩子，学习可以带来快乐，更要帮助孩子掌握实现快乐学习的方法。这样做，孩子才能在学习的道路上稳步前行。

1. 让孩子感知收获

比如，一些家长经常对孩子说："你只知道玩儿，从来都不知道学习。你不做完作业就不准玩儿。"孩子会觉得学习等于痛苦，因为学习夺走了他玩耍的快乐。再如，家长希望孩子在 10 分钟内记住 20 个单词，结果他在 10 分钟内只记住了两个单词，如果家长强迫他必须记住剩下的 18 个单词，那么孩子就会认为背单词很痛苦，因为他记住的单词很少。

要让孩子喜欢学习，就是要牢记两个字——收获。家长要让孩子感知收获、关注收获、看到收获，为收获而努力。人喜欢得到，不喜欢失去。家长可以回忆一下，孩子在牙牙学语时，你会为他努力地发出一个字音、一个新词感到高兴，即使他说错了你也不会生气；孩子在蹒跚学步时，你会因为他独立迈出一步而激动。你看到了孩子的成长、孩子的收获，然后又会把这种喜悦、这种快乐反馈给孩子，孩子就会觉得自己很厉害、很优秀，就会更主动地练习。促使孩子爱上学习，也适用这个道理。

2. 别盯着孩子的缺点，多关注收获

孩子开始上学之后，很多家长就对孩子有越来越多的要求，也更加喜欢将自己的孩子同他人的孩子进行比较，如果孩子不够出色，家长心里就会感到不足和不满，从而影响孩子。每一位家长都发自内心地希望孩子变得优秀，但是家长往往关注的是孩子的问题和缺点，这是非常片面的。

其实，当孩子放学回到家时，家长只需关注孩子今天有哪些收获即可。比如，你今天学会了哪些题目，学会了哪些成语？能不能给爸爸妈妈讲解一下？或者孩子由于拖延导致上学迟到，家长不要劈头盖脸地责骂孩子，而是问问孩子是否被老师批评了；如果受到了批评，当时他有什么想法，通过这次迟到懂得了什么道理，对时间是否有了新的理解；等等。

家长要关注孩子的收获，而不是时刻盯紧孩子的缺点。经过一段时间，你会发现，孩子会有明显的变化：他会因为学会一个英语单词而开心，因为明白一个数学定理、一个公式而高兴，因为解出一道物理难题而兴奋不已，因为背会一篇课文而欢呼雀跃，因为找到做错一道题的原因而感到踏实……学习的过程是找到价值，有所收获，从而获得学习的快乐。这才是学习应该有的样子。这样，孩子就有了学习的动力。

收获既包含孩子实实在在获得的知识，也包含孩子在学习过程中体会到的情绪价值和自我价值，比如他被看到的、被认同的这种喜悦。所以，家长要让孩子感受到自己的进步，要让孩子明白他做的每一件事的收获，即使结果有时不能如意，也是一种难得的收获。

学会赞美，成为孩子的能量加油站

美国作家马克·吐温（Mark Twain）说过："一句称赞的话，可以让我多活两个月。"夸奖孩子是给孩子补充能量的最快方式。

一、家长要学会发现孩子的优点

有些家长可能暂时没有发现孩子的优点，该怎么办？

某大学做过一个实验。他们邀请一些人观看一个视频，视频中有6个人连续在穿插走动中传球，其中3个人穿白色衣服，另外3个人穿黑色衣服。观众的任务是数出穿白色衣服一方的传球次数。

大部分认真观看视频的观众说出了正确答案。接着，实验人员问了观众另一个问题：你是否在视频中看到一只大猩猩？一半的观众表示没有看到。重新看一遍视频后，没有看到大猩猩的观众发现确实出现了一只大猩猩。不仅如此，窗帘的颜色也有所改变，穿黑色衣服的人中途离场等，这些细节是一些观众在第一次观看视频时没有注意到的。

这个实验叫作"看不见的大猩猩"。这一实验告诉人们，在同一时间，人们的注意力往往只能集中在一件事情上。

这个实验结论是：注意力决定了人们看到的事实。换句话说，我们关注什么，它们就会加倍地呈现在我们眼前。就像一部分家长经常关注孩子的缺点，那么只能看到孩子的缺点，忽略孩子的优点，孩子无法获得家长的肯定，能量会越来越低。如果家长关注孩子的优点，并且及时真诚地赞美他们，那么即使他们暂时无法做到最好，也会因为家长不断的鼓励和赞美而获得前进的勇气和动力。

二、家长要学会使用赞美公式

我向各位家长分享一个赞美公式：赞美 = 具体行为描述 + 询问实现方法 + 说明积极影响。即赞美孩子做的一件事情，要具体描述孩子哪些行为做得好，询问孩子是如何做到的，以及告诉孩子这件事情产生的积极影响。运用这个公式，让赞美更加具体、有针对性，从而帮助孩子自信成长。

赞美公式的使用要点如下：

1. 赞美要及时，要有细节

如果没有及时赞美，那么很多时候孩子的劲头就过去了、变凉了，事后再赞美，不就相当于"热剩饭"吗？另外，赞美一定要注重细节，没有细节的赞美会让人感到特别假和空，缺乏针对性。

有很多家长是这样夸奖孩子的："孩子你真棒，英语说得真好！爸爸妈妈为你点赞！"你是否说过类似的话？这些话是空洞乏味、华而不实的。家长如果运用赞美公式，可以这样夸奖孩子："我发现别人做一篇英语阅读需要 10 分钟，你只用 7 分钟就完成了，题目也都做对了。你能不能跟爸爸讲讲你是怎么做到的？"

对比一下这两种对孩子的赞美，如果家长只是赞美孩子做得好、做得棒，而没有具体的事例，没有讲出他哪些地方做得好，他就无法感受到你在真正地夸奖他。

2. 家长要有意识地引导孩子总结、提升经验

家长要学会引导孩子，让孩子自己说出做好一件事的方法。孩子自己说出来，是一个重复、加深、总结、提升的过程。只有当孩子自己说出来，他才能真正学到、真正学会。

有的家长可能担心孩子不会表达自己是怎么做到的，怎么办？这需要家长有意识地引导，或者和孩子一起总结，再让孩子自己表达出来。比如，孩子最近的学习效率提高了，他可能说不出原因，家长可以这样引导孩子，帮助他找出效率提高的原因："孩子，你最近的学习效率很高，以前你用一个小时才背会一篇课文，最近只用 40 分钟就背完了。你是不是有什么快速记忆法或者其他方法？比如，原来你一个

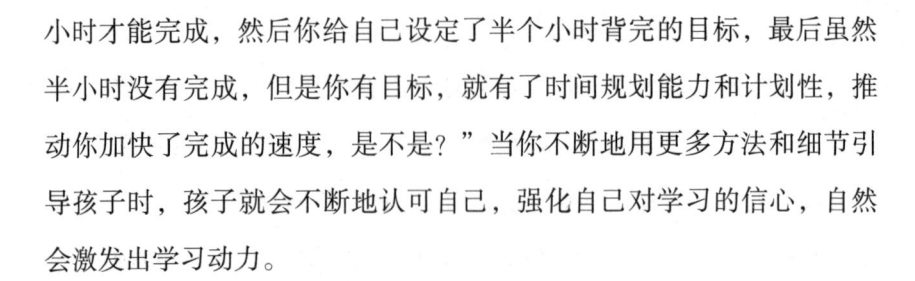

小时才能完成，然后你给自己设定了半个小时背完的目标，最后虽然半小时没有完成，但是你有目标，就有了时间规划能力和计划性，推动你加快了完成的速度，是不是？"当你不断地用更多方法和细节引导孩子时，孩子就会不断地认可自己，强化自己对学习的信心，自然会激发出学习动力。

3. 让孩子相信自己的行为能帮助他人

家长要让孩子感觉自己的每一个行为都能帮助身边的人。比如："你能做到这一点真的很难得，爸爸妈妈要向你学习。"这样表达，会让孩子意识到自己的一些行为可以帮助别人，让孩子找到价值感。这也是推动孩子前进的"助推器"。

孩子自己都没有注意到的事情，却被家人和周围的人注意到了，孩子不仅得到了他们的认可和鼓励，也赢得了他们的信任。除此之外，孩子也会欣喜地发现，自己的一些方法竟然可以帮助别人。如果家长每天和孩子在这种模式中互动，亲子关系会越来越好，孩子的成就感、动力也会越来越足，他会逐渐找到做这些事情的意义和价值。

三、家长夸奖孩子常用的 10 个维度

各位家长如果不知道从哪里夸奖孩子，那么可以围绕这 10 个维度夸奖孩子。

1. 夸具体行为

孩子学习进步了，家长最好不要这样说："你好厉害，是爸爸妈妈的骄傲。"正确的方法应该是夸孩子的具体行为。可以这么说："孩子，你这次考得不错，这是你自己努力取得的成绩，爸爸妈妈为你骄傲。你要继续努力加油！"家长应该意识到，孩子学习进步是他努力的结果，要对孩子的这一点予以肯定，他就容易继续努力，取得更大的进步。

2. 夸毅力

然而，孩子努力了不一定会成功。当他遭遇失败的时候，家长尽量不要说"加油，你肯定能行"，这会给孩子带来心理压力。可以这样对孩子说："孩子，虽然这次失败了，但是我感觉非常好，因为你表现得很不错。坚持就是胜利，所以咱们继续努力就可以了！"

3. 夸细节

细节上的夸赞能够让被夸赞的人感觉到你的真诚。我们来看下面两种家长对孩子的夸赞。

一种是："孩子，你这个字写得真好看，一横一竖一折一捺，都跟字帖一模一样，妈妈的字都没你写得好。"另一种是："你写字写得真好看，爸爸给你点赞。"

第一种夸赞注重细节，很具体，会让孩子意识到父母真的发现了他在书写上的进步；第二种夸赞则给人一种比较敷衍的感觉。

4. 夸变化

抓住孩子的点滴变化。比如，孩子今天写作业的时间仍然很长，但是比昨天少用了 10 分钟，这也是一种进步、一种优点。然而，有一部分家长看不到孩子的变化，看不到这种进步和优点，总是催促孩子、批评孩子。有一些善于发现孩子优点的家长，就会敏锐地观察到孩子的这种进步："宝贝，你今天做完作业的时间用了一个小时，但是比昨天少用了 10 分钟。你写作业的效率已经有一些提高了。"

5. 夸细心

比如，孩子在下楼梯时看到楼道有碎纸屑，把它们捡起来扔进外面的垃圾箱里，家长就要及时地表扬孩子的这一行为。很多家长认为孩子捡起碎纸屑是不值一提的事情，没有必要表扬，实际上，及时的表扬可以帮孩子确认细心这一品质。家长可以这样对孩子说："宝贝，你能注意到楼道里的这些碎纸屑并把它们扔进垃圾箱，你真是一个细心的好孩子！"在听到这类话后，孩子也会很开心，因为这代表着家长对他的肯定。

6. 夸有信心

人因为有信心，才容易把事做得更好。家长要不断地肯定孩子，帮助孩子树立、增强信心。无论孩子今天经历了多少不如意的事情，或者遭遇了让他倍感挫败的事情，你始终都要对他充满信心，相信他能够做好，这份信任比任何金银珠宝都珍贵。一旦你开始注意并践行这一点，便会发现自己对孩子的负面评价逐渐减少，对孩子的正面推动与日俱增。

7. 夸守信

"人无信不立。"人因为守信，才能立足于世。夸孩子守信用在教育中尤为重要，它有助于孩子成为一个诚实守信之人。守信用是一个人最好的品质，它离不开家庭的熏陶、家长的正确引导和及时肯定。

孩子每一次的信守承诺都蕴含着他的努力和付出，家长要予以肯定。这既是对孩子的一种褒奖，也能继续激励孩子坚持守信用的优良品质。比如，孩子和家长约定放学回家后，先完成课外阅读再玩儿。孩子坚持得很好。家长可以这样说："你真是一个守信用的好孩子，每天都是先做课外阅读，再出去玩儿。爸爸妈妈很佩服你！"

8. 夸态度

比如，某一天孩子闯祸了，事后他有没有承认错误？如果有，家长要夸孩子认错的态度，可以说："孩子，你闯祸了没关系，因为你能够及时承认错误。勇于承认错误是重要的品质，你已经做得很好了。"

9. 夸合作精神

孩子如果能够和其他的孩子合作，或者愿意帮助别人，即便他在众多孩子中不是最优秀的，家长也要夸孩子的合作意识、合作精神和奉献精神。

10. 夸勇气

当孩子敢于尝试、勇于突破之后，家长千万不要漠视，要及时对孩子的行为做出反应，及时夸奖他们。可以这样说："孩子，爸爸妈妈看到你克服了恐惧，勇敢地迈出了第一步，爸爸妈妈真心为你高兴。"

夸奖的维度其实还有很多，比如表扬谦虚、表扬有创意等。家长只要留心，可以无限延展。总之一句话，家长关注孩子什么品质，就会收获什么。

正向沟通，让孩子时刻拥有强大的感觉

一、正向沟通需要内心与言语的高度契合

在亲子关系当中，有一种至关重要的方法能帮助家长和孩子实现有效的沟通，建立深厚的情感联结。这种方法就是内心与言语达成高度契合。

心和口作为人们身体里的两个重要部分，它们共同起作用时会释放出巨大的能量——家长的内心往往承载着对孩子无尽的爱，如果仅仅将这份爱藏于心底，孩子可能无法察觉。这时候，口所代表的表达就起到了关键作用。所以，家长要学会运用恰当的言辞，把心中的爱、欣赏与赞美，准确无误且充满诚意地表达出来。只有这样，爱的能量才能从我们的内心出发，通过言语的桥梁，传递给孩子，深深融入他们的心灵。这种爱的传递，如同涓涓细流，日复一日地滋养着孩子，

助力他们茁壮成长，对其一生都有着深远且积极的影响。

很多家长心里理解孩子、认可孩子，也希望赞美孩子，当孩子遭受挫折时，家长也想安慰、劝解他们，但是往往心口不一。

在孩子受到挫折或者是做错事的时候，家长如何运用上面的方法让孩子能量满满、动力十足呢？请看下面这个例子。

著名教育家陶行知先生在担任小学校长时，有一天看到一个男生用泥块砸同学，立刻制止了这一危险的行为，并让他在下午3点到校长室。

下午3点，陶先生到达校长室时，男孩已经在门口等候了。陶先生从口袋里拿出一颗糖递给男孩，说："这是奖励给你的，因为你很守时。"男孩有些不知所措。陶先生拿出第二颗糖递给男孩，对他说："这颗糖也给你。我让你不要打同学，你立刻停手了，说明你尊重校长。尊重别人是很重要的品质。"男孩一脸疑惑地看着陶先生。还没等男孩反应过来，陶先生拿出第三颗糖："据我了解，你用泥块砸那个同学是因为他欺负女同学，说明你有正义感。这一颗糖也是你的。"男孩听了，立刻表示，即使同学有错，自己也不应该用泥块砸同学。陶先生听后，拿出了第四颗糖，对男孩说道："你已经承认了错误，我再给你一颗糖。好了，我们的谈话结束了。孩子，你回去吧。"

陶先生用肯定、赞赏的语言消除了男孩不安的情绪，让男孩主动认识到自己的错误，为男孩提供了前进的动力。这值得家长们借鉴。

孩子如果在遭受挫折、做错事情、恐惧、担忧、不知所措的时候，能感受到他亲近之人的安慰和鼓励，他就有了信心，有了战胜一切困难的勇气，以及勇攀高峰的决心。

二、正向沟通的具体步骤

在近20年的时间里，我和上万个孩子及其家长做过交流，将交流的内容进行归纳总结后，得到了一个可以激活孩子能量的沟通方法。

在介绍方法之前，请各位家长先扪心自问：你是否真正地信任孩子？是否真正地欣赏他？是否能发现孩子身上的闪光点？是否愿意与他进行心贴心、真诚且真心的交流？若你能够做到这几点，我相信孩子一定能够感知到你对他的关心和爱护。毕竟，真诚是打开孩子心扉的钥匙，是实现良好亲子沟通的前提。倘若大家明晰这一前提，那我便开始为大家详细地阐述这一方法。

这个方法共有五个步骤：第一步聊表现；第二步聊感受；第三步聊进步；第四步聊品质；第五步聊建议。

第一步，聊表现。

聊表现可以包括：孩子的表现是什么？此刻或者在此之前，孩子有哪些行为，他的表现怎么样？

第二步，聊感受。

你的感受是什么？孩子的感受是什么？作为家长，你看到孩子此刻的表现，你的情绪、真实想法是什么？

第三步，聊进步。

和以前相比，孩子有哪些进步的地方？是如何实现的？

第四步，聊品质。

说明通过某件事情看到孩子身上具有哪些优秀的品质。请记住，一定是优秀的品质。

第五步，聊建议。

根据某件具体的事情，适当地给孩子一些合理的建议。

这个方法应该如何应用？

假设你下班到家，正准备做饭。这时，孩子手上拿着期中考试的成绩单从外面走进来，你看到孩子一脸沮丧，就知道他这次考试应该是没考好。此时，应该用怎样的赋能方法和孩子进行有效的沟通呢？

首先，你要观察孩子现在的表现，由于考试没有考好，他会情绪低落、心情沮丧。作为家长的你会有怎样的感受？你可能会因孩子的沮丧而有些难过，但是，你也会因为看到孩子心情沮丧而心里面有一丝欣慰——孩子有羞耻心，开始重视学习了。然后，你可以将孩子以往的表现同当下的表现进行对比，找出孩子现在哪些方面是进步的。比如，孩子以前没有考好是一种"无所谓"的心态，并不在乎成绩，现在他因为考不好而垂头丧气，说明他渴望进步，有一颗上进心，这就是一种优秀的品质。最后，你要结合孩子没有考好这一事实提出一些建议，例如，考试只是检验学习成果的一种手段，它是学习过程中查漏补缺的最好机会。虽然这次没考好，但是我们可以通过这次考试找到学习的盲点、遗漏点，哪些方法需要改进，等等。这样做可以让孩子有方向、有动力，坚信凭借不懈地努力及持续地参与考试，他必定能够收获优异的成绩。

分析完之后，你可以这样表述："孩子，这次考试是不是没有达到你理想中的成绩？没关系的，看到你有些低落，还有一些沮丧，爸爸也为你感到难过，但是爸爸也感到很欣慰，以前考试你总是不关心自己的成绩，甚至有时候你还有些骄傲自大。爸爸知道你想考一个好成绩，知道你现在越来越有上进心了，更看到了你的努力。咱们不能只看成绩，而忽略你自身的努力。这次考试成绩不太理想，也能让你找到你的不足，比如没有掌握好某些知识点、没有掌握关键的解题思路，我们就可以根据这些查漏补缺。这是一个多么难得的机会。所以这次没有考好不要紧，通过这次考试，我们找到了学习上的不足，爸爸相信你在未来的考试中一定会有进步，你也会成为一个自学能力越来越强的孩子。"

家长这样说，既传递了对孩子的肯定和认可，又可以帮助孩子走出考试失利引起的懊恼情绪。家长引导孩子看到积极的一面，孩子就不会因为没有考好而完全丧失学习的动力和兴趣，就会带着满满的能量进入下一个阶段的学习。

三、正向沟通的两个关键要点

正向沟通有两个关键要点，家长必须重视。

1. 传递正向积极的信息

例如，不能在孩子考试成绩不理想时对他说"孩子，看到你这次考试成绩不理想，你很失落，我也失落"，这样的表述只会让彼此都更缺乏能量，孩子也会越发伤心难过，甚至陷入自我怀疑。所以，家长一定要传达正向的感受，赋予孩子积极的品质。这意味着家长说出的每一句话都应饱含温暖，都能给予孩子力量，都可激发他的动力。我们旨在借助一个问题助力孩子成长，而非使孩子陷入更多困境。

2. 用建议代替意见

家长要清晰区分建议和意见。意见往往带有批评性、指正性，通常针对已经发生的事情，试图通过意见纠正错误。例如："我看你就是平时不认真，老是马马虎虎，考试时也不检查错误，就是粗心大意。瞧瞧，那些不该丢分的地方都丢了。你平时就不能多努力一些吗？下次一定要记住，要反复检查，多检查几遍，别再这么粗心了！"这种带有批评性质的话语就属于意见。

而建议是带有建设性的，是具有前瞻性的。同样是上面的场景，提出建议的家长会这样说："你看这几道题，你写的步骤都是对的，只是最后的计算出了问题，你没有检查出来才丢分的。这说明我们下次只需要仔细检查，就能得到分数了。"建议会更容易让孩子接受，因为它为孩子提供了解决问题的方向，而不是向孩子施加压力。

沟通并不难，然而想让沟通产生良好的效果，家长就要调整自己的沟通模式，转变关注点。无论是与孩子还是与身边的其他人交流，都要让对方感受到话语饱含的温暖和力量。

当我们这样去做的时候，所说的话就会自然而然地被他人接受，人们也会不由自主地与我们亲近，我们也会在不经意间成为一个充满正能量的人。同样，我们这样与孩子对话，孩子也会自然而然地获得勇气与信心，进而有能力去抓住机遇，变得积极进取、朝气蓬勃，内心也会充满安全感。他们会敞开心扉，快速成长，拥有真诚友善的品质，并且更容易走向成功。

随着孩子的能量不断提升，其自我控制能力会与日增强，专注力会更加集中，智慧也会持续增长。他们会更加向往美好的生活，真正地体会到愉悦、快乐和幸福。这种具有高能量的孩子今后遇到任何学习难题、生活困境时，都会找到办法，迎刃而解。这也是家长培养孩子的目标——用言语和真心共同为孩子注入生命能量，帮助他们创造光明的未来。

良好体验，成为激活学习自驱力的催化剂

家长的行为对孩子的学习态度有着深远的影响。我们的哪些行为会让孩子热爱学习？哪些行为会让孩子讨厌学习？二者的差别在哪里？如果我们想明白这些问题，就不会再去做损害孩子学习兴趣和动力的事情了，如此一来，各种各样能够增强孩子学习动力的情况就会发生在孩子周围。与此同时，我们还可以利用这个基本逻辑推导出更多的方法，应用到子女教育之中。

一、增加孩子良好的学习体验

我要和大家分享一个重要的基本逻辑——良好体验是孩子热爱学习的根源。这句话看似很简单，然而只有深入理解它背后蕴含的逻辑，才能够将其有效地、透彻地应用到实际生活当中，才能让孩子从中受益。

人的记忆具有选择性，随着时间的流逝，很多事物发展的具体过程会被人渐渐遗忘，然而当时的那种感觉会留在人的心中。我们对某一种事物的喜爱，往往不在于事物本身，而是取决于我们记忆中它给我们带来的美好感受。

我们领悟了这个道理之后，便能发现一个关键：孩子爱不爱学习，和他们记忆中学习给他们带来的感受好不好密切相关。起初，孩子大都是满怀欣喜、满怀好奇地接触学习的，但是为什么一部分孩子后来一步一步地走向厌学？这和伴随学习过程产生的那些负面体验脱不了干系。家长、老师及周围的环境给孩子带来的压力，让他们在学习过程中产生了诸多不愉快的感受，积累了大量负面情绪，久而久之，他们对学习的热情就消磨殆尽了。

比如，一些孩子一写作业就容易被家长责骂，上课的时候不够专心就容易被老师批评，慢慢地，孩子就不喜欢学习了。很多孩子一步一步走向厌学，和教育方式有直接的关系，我们必须停止具有破坏性的教育方式。

如何判断我们当下的每一个行为，是在破坏孩子的学习兴趣，还是在激发孩子的学习兴趣？比如，看到同龄的孩子已经会背很多首古诗，自己的孩子还没学会，那我们是否会逼迫他去背诵古诗？如果是，那么在这个过程中，孩子会感觉到无奈、痛苦，因为他暂时无法做到，他看到古诗就会下意识地排斥。我们的这种逼迫，就是破坏性的教育行为。久而久之，孩子一看到古诗，或者想到背诵古诗的场景，就会联想起自己被迫背诵古诗的痛苦感觉。

同样的道理，当小学四年级的孩子回到家中写作业，出现拖拖拉拉、不够认真、提不起精神或者遇到不会做的情况时，家长该怎么做呢？是要在一旁看着他写作业吗？要陪着他，甚至逼着他去完成作业吗？如果你明白了上述逻辑，相信你会做出正确的判断。

二、培养习惯，挖掘学习乐趣

从学习量的角度来看，小学六年所学的内容，若是按照初中的学习进度来衡量，其实不过是初中几个月就能学完的。那么小学这六年的时间对于我们家长来说，意义何在呢？它可不是白白浪费的，而是给予家长一个重要契机，那就是要引导孩子培养学习兴趣，养成良好的学习习惯。让孩子从中找到学习的乐趣，能够独立自主地去开展学习活动。

对待孩子的学习，就如同在战场上打仗一般，千万不要过于在意一时一地的得失，而是要有宏观的战略眼光和思维方式。我们应当把时间着重花费在培养孩子的学习动力、激发孩子的学习兴趣，以及养成孩子良好的学习习惯上，让孩子在潜意识里真切地感受到学习是一件有成就感的事情。

学习的目的是让孩子爱上学习，让他未来进入社会，走上工作岗位时，依然保持学习的意愿、兴趣和动力，这样的人走到哪里，都能不断进步。孩子目前的学习状况只是成长的过程与经历，家长要让孩子在学习中找到乐趣，拥有动力，实现快乐成长。

明白了这个道理，家长就会知道什么该做什么不该做，什么能做什么不能做，什么叫知止。

在孩子的教育问题上，知止是最为关键的一点。家长如果能做到知止，便不会整天为如下问题而困惑了："我能不能带孩子去上补习班？""我能不能给孩子换个学校？""我能不能为了我的孩子辞职去陪读啊？""为什么我学了这么多，我的孩子还不愿意好好学习呢？"

家长应反思自己曾经做过哪些损害孩子学习积极性的行为。比如，有些家长经常会打骂孩子，妄图以此让孩子好好学习，可这种做法往往适得其反；还有些家长习惯拿自己的经历去说教，想让孩子明白他现在学习还不够努力；甚至有些家长会拿别人家的孩子和自家孩子作比较，期望自家孩子能因此变得更好。然而这些做法都对孩子的学习积极性造成了不小的伤害。

再举例来说，如果家长继续让孩子去补习那些让他们痛苦的学科，会使孩子完全无法产生对学习的兴趣，甚至会心生厌倦。又如，孩子在某次考试中失利，家长若觉得自己教育子女很失败，不断对孩子宣称自己是个失败的家长，又或者对孩子冷眼相待；等等。诸如此类的行为，实际上都给孩子留下了有关学习的负面感受。这些负面的行为与感受，极有可能对孩子后续对待学习的态度产生消极影响，使其越发难以积极主动地投入学习当中。

唯有停止这些错误的教育行为，我们才能够踏上正确的教育之路。与此同时，我们也就明白了，给予孩子良好的感受才是促使他们爱上学习的源头所在。这样一来，我们便清楚地认识到自己是具备帮助孩子的能力的，前提是需要对自己的行为、语言、思想加以调整，为孩子创造一个良好的学习环境，帮助他们热爱学习，健康快乐地成长。

/ 第二篇 /

养成习惯：强化学习动力源

培养好习惯，孩子自主学习省心又省力

古人云："少成若天性，习惯如自然。"孩子从小养成的良好习惯，大多会随着他的成长变成他的优秀本质，就是说当一个孩子的某一种行为成为习惯的时候，就会成为他下意识的动作。

比如，我们刚学走路、骑自行车、开车时，由于不熟悉，需要花费一些时间才能做出正确反应。当这些动作变成习惯之后，我们无须思考就能完成它们。推而广之，当遇到不熟悉的事物的时候，我们是需要学习、需要思考、需要动脑的，但是当我们熟悉了之后，对这一事物的处理就会变成我们自动化的行为，就不需要额外动脑子。

养成良好的学习习惯，是学习好的最重要基础。如果没有养成好习惯，哪怕睡觉前刷牙这么简单的一件事，家长不停地催促，有时孩子也不一定能做到。而且孩子如果没有养成某个习惯，需要家长不停地提醒，孩子有可能变得很逆反，甚至和家长对抗。比如，孩子没有

养成主动完成作业的习惯，肯定会让家长感到头疼，但家长若过多催促，多半会让孩子心生厌烦。

学习好的孩子和厌学的孩子存在的一个明显区别是，学习好的孩子有良好的学习习惯，学习已经成了他习惯性的行为。比如，睡前阅读课外书、起床后背几个单词、进行课前预习、利用康奈尔笔记方法整理错题……这些做法都是好习惯。自动化意味着大脑得到解放，不需要很多的思考就能完成一件事情，这会带给孩子轻松和愉悦。

人都喜欢做简单、愉悦的事情，做简单愉悦的事情容易有动力。即便是一件很复杂的事，做的人一旦养成习惯，也会觉得这件事相对容易，能够产生兴趣，有动力完成这件事情。

我们一直在强调要养成良好的学习习惯，它最大的意义就是通过反复做并熟练后让困难的事情变得容易，比如孩子的学习任务，如果孩子认为自己能轻松胜任，那他就会有足够的动力。养成习惯—感到轻松—产生动力，这是激活孩子自驱力的正确途径。

一、刻意练习与反馈强化成就良好习惯

良好习惯的养成离不开刻意练习。刻意练习就是不断地重复，从而形成一种强化的力量。我们通过长期的、有规律的，甚至是定时定点的反复训练，才能形成习惯。习惯其实是一种条件反射，通过长期的积累和强化才能养成。所以，习惯来源于训练，没有训练就没有习惯，只喊口号，不去训练是无法养成习惯的。强化定律的核心就是将事情多次重复。

当孩子做出正确的行为时，家长要给予他鼓励；当孩子做出错误的行为时，家长要及时给予批评和指正。当然，如何批评指正也是一门学问，我在后面的章节会详细说明。激励或者批评、指正的方式能够帮助一个人强化、巩固一些行为，孩子每次做事都能收到相应的反馈，久而久之，他会自觉地向积极的方向发展，好习惯也就随之形成了，与此同时，他也会自动地远离错误的行为，这一点在学习上体现得尤为明显。

我的孩子升入初中二年级时，我在全国各地讲课，根本没有时间辅导她的功课。有一次，我从外地回到家，看见孩子闷闷不乐，就问她为什么不开心。她向我表示，她学不好数学，尽管自己在努力地学习数学，数学考试却没有及格。这时我意识到，学习数学的方法不是此刻最重要的，重要的是孩子对待数学的态度，先要解决孩子对数学学习心态的问题。

于是，我问她："孩子，爸爸知道你喜欢打乒乓球。那在你打乒乓球时，有没有被别人赢的时候？"她说："有啊。"我问："被别人赢了，你会怎么办？"她表示自己当时并没有多想，只是继续打。我继续问："你有没有赢别人的时候？"她回答："当然有啦！"我问："如果赢了别人你会怎么样？什么心情？"她说："我会很高兴，很开心，还会自己做一个'耶'的手势，觉得很舒服！"

我听了之后，对她说："从现在开始，你把做数学题当成打乒乓球。我们从简单的、容易的题目做起。你做对一道题，就要做出'耶'的手势，并且告诉自己'我太厉害了，我战胜它了'。千万不要只关注自己做错了，否则你会觉得很痛苦。要关注你的收获，而不是只看到你的错误。如果做错了，你只需要告诉自己再来一次就可以了。"孩子同意了。当晚我就找了几道相对容易的题目让她做，帮助她培养习惯。有时候她会忘记，我就会提醒她："做对了题，你开心吗？有没有做'耶'的手势？"起初，她还有些不习惯，但是练着练着她就"入戏"了——每做对一道题，她就做一个"耶"的手势，并告诉自己"我太厉害了"。虽然当晚她也遇到了不会做的题目，但是她慢慢地养成了渴望得到成就感的习惯。于是，她每天都想多做几道题，甚至想攻克一些难题，从而获得成就感。

在这个方法的帮助下，孩子的数学成绩渐渐有了起色，甚至到后来在全年级名列前茅。我的孩子凭借优秀的学习能力和良好的心态顺利地完成了中学的学业，后来还攻读了硕士研究生和博士研究生。有一天她告诉我："爸爸你知道我为什么感觉学习这么容易，一点儿都不畏惧学习吗？就是因为我面对每一个新知识、每一道难题的时候，都会想起你曾经教过我的那个方法，我总是用这个方法在学习中获得成就感，并且能够夸赞自己。这已经成为我不断前进的动力。现在，不论遇到任何困难，我都会觉得兴奋，因为我又有机会夸赞自己了。"

这是发生在我身上的真实案例。我用了将近20年的时间，教会无数孩子使用这个方法。一旦孩子养成了良好的习惯，他就会逐渐地享受这个习惯。良好的习惯会对孩子产生积极的影响，让孩子从中受益。

二、养成良好的习惯不能贪多

家长朋友需要注意，好习惯千千万，但我们千万不要贪多，不要期望孩子在每个方面都能养成好习惯。其实，我们最初只需要孩子有一两个好的习惯，让他觉得自己可以胜任，就足以让他学习优秀，并且保持学习的动力。我们需要知道的是哪些习惯是最重要的，着力培养孩子养成这些习惯，就足够了。

比如，处在小学阶段的孩子最需要培养的重点是什么？就是书写工整、课前预习、先完成作业等。这些习惯对于小学生，尤其是低年级孩子来说十分重要。

孩子升入高年级阶段，家长就要把重点放在培养孩子独立学习、独立思考的习惯上。比如，可以引导孩子做错题档案，将做错的题目整理记录下来，分析错误原因，总结正确解法，以便日后复习时能有针对性地进行巩固提升；也可让孩子尝试运用康奈尔笔记法，通过合理的分区记录，提高笔记的整理效率和复习效果。同时，要培养孩子定时归纳总结平时在学习上的心得的好习惯，让孩子定期对自己的学习过程、方法、收获等进行反思总结，以便不断优化学习策略。

大部分人认为在学习的过程中孩子应该养成各种良好的习惯。我要告诉大家的是，别想着让孩子养成太多的好习惯，只需让孩子有一两个好习惯，让他找到自信，让他找到动力，打通他的动力系统就好了。就像前面提到的我女儿的例子，这个习惯可以一直引导她，不断增强她的信心，让她终身受益。

有的孩子喜欢写字，家长就要多鼓励他，培养他把字写好。有的孩子喜欢早晨锻炼，家长可以适当引导孩子在早上进行晨读或背诵。孩子一旦在自己容易接受的好习惯上下足了功夫，他就会慢慢地认为学习是一件比较简单的事情，也会逐渐养成其他的好习惯。

好习惯的培养不一定非要逆着孩子，也没有必要让孩子养成所有的好习惯，否则，孩子不仅没有感到快乐，反而会感到痛苦。只要孩子能在某一点表现得好，或者在某方面有一些进步，家长就该利用这个机会把孩子培养得更好，借助习惯的力量帮助孩子实现量变到质变的飞跃。

三、培养孩子学习习惯的技巧

到了这个阶段，我要给大家提供几个培养孩子学习习惯过程中的一些小技巧。

1. 培养习惯的初期，要从简单的事情做起

孩子如果一开始就接触难度大的事情，会很难坚持下去。家长可以用时间、地点、内容三个元素，将培养的习惯模式化，由简到繁，分阶段、分步骤地进行。也就是每天到了规定的时间、地点，就让孩子做同样的事情。孩子慢慢地会形成肌肉记忆，不容易忘记，从而养成习惯。

比如，每天送孩子上学的路上，家长可以让孩子记三四个英语单

词，晚上再看他是否遗忘；每天晚饭后，家长一起和孩子看一段纪录片，拓宽视野，再让他复述；每天晚上睡觉前，家长可以让孩子读一本绘本，或者让他给你讲一讲今天学到的知识……这些都会帮助孩子形成良好习惯。

2. 进行简单的记录

记录能够帮助孩子明显地看到自己的进步。比如，今年年初孩子只能做到某一件事，一个月之后，孩子可以独自做好两件事情，这就是进步。此时，孩子也会认识到自己的进步，从而提高动力。

这一环节有一个要点——记录要简单，简单勾画一下，或做个标记，能够让他看懂即可，千万不要弄复杂了。可以先由家长记录，慢慢地过渡到让孩子自己记录，帮助他养成记录的习惯。

家长要及时给予孩子奖励。比如，孩子第一天背了 5 个单词，可以在记录本上记一个"5"，或者画 5 颗星星，几个星期过后，记录本上就有了很多星星。孩子看到记录本上不断增加的数字或星星，就能看到自己的进步，也就更有动力将这一行动执行下去。

3. 孩子产生厌倦情绪，就要进行改变

在孩子开始产生厌倦情绪的时候，家长一定要做出一点变化。比如，孩子做了详细的学习计划，在执行了一周或者两周后，他感到厌倦了，不想继续做了，怎么办？家长可以告诉孩子，这个周末全家去郊游，由你做具体的安排，你自己的学习计划先放一放。郊游结束后，家长可以这样对孩子说："孩子，你把这次郊游安排得井井有条，如果没有你的计划，咱们的这次郊游就不会这么愉快、这么顺利。孩子，你的计划能力越来越强了！"孩子听到家长这样说，就会意识到自己的计划是有用的，就会愿意坚持下去。

如果孩子出现退缩甚至想放弃的情况，家长千万不要生气和焦虑，一定要适当改变方法，引导孩子一步一步地向良好的方向发展。

交还学习自主权，让孩子成为学习的掌舵者

一、孩子要自己掌控学习

为什么人需要掌控感？在日常生活中，有的人会晕车，但他们如果开车，往往不晕车。为什么会出现这种现象？从心理学角度来看，坐车的人没有控制感，不知道司机什么时候加速、什么时候刹车、什么时候拐弯，这会唤起他潜意识中的焦虑和无助，容易产生晕车的反应。而开车的人有一种掌控感，能预测到事情的发展，是有选择权、自主权的，自然就不容易晕车。

讲到这里，家长就应该明白孩子们为什么爱玩游戏了。游戏让人感到愉悦的一个重要因素就是它能给人带来控制感。同样的一个道理或一句话，自己说出来和被别人逼着说出来，感觉是不一样的；自己爱学习和被别人逼着学习，感受也完全不同。比如，你逼着孩子认错

和孩子自己主动认错,完全是两码事。当一个人明显感觉到自己可以掌控人生时,他就能找到生机和动力。一个人如果感觉到对自己的人生失去了控制感,往往会变得非常悲观,丧失自信。

明白了这个道理,我们再来看孩子是否拥有对学习的掌控感。

学习是孩子的事情,然而,学习动力不足的孩子往往对学习缺少掌控。比如,孩子正在看电视,家长突然命令他快去写作业;家长看到孩子的字写得歪歪扭扭,比较潦草,马上命令孩子把它们擦掉重写;孩子想写完作业之后再检查作业,家长却要求他写完一道题就检查一道题。在这些场景中,孩子都失去了对学习的掌控感。

家长总是跟孩子强调,学习是你自己的事情,但实际上,孩子在学习上从来没有决定权,这种情况下谁还愿意学习?人喜欢做自己能够做主的事情,没有人愿意被别人逼迫做事情。

家长要让孩子主动学习,首先要明白"自己说了算,我才愿意去干"的道理。这意味着自己有掌控感。什么叫掌控感?掌控感是一种我觉得我可以掌控的感觉。当做一件事情时,行动者有一种我可以把控这件事情的感觉,这是一种非常轻松愉悦、有胜任感的感觉。一个人的掌控感越强,他就会越自信,也会越从容;如果一个人缺乏掌控感,他就容易感到迷茫,会走向焦虑,甚至失控;如果一个人严重缺失掌控感,他就容易自卑、自闭。所以,一个人一旦对某件事情缺少掌控感,他就容易抗拒、逃避,会感到压抑、无力,他就不愿意做这件事情。反之,他对一件事情有掌控感,就会感到轻松愉悦,就会愿意完成更多这样的类似的事情。孩子对待学习也是如此,如果孩子对学习缺少掌控感,觉得学习不是自己的事情,那么会出现孩子对学习不着急，父母却急得团团转的情况。

二、家长要给孩子自主权

经常有家长向我咨询：我不盯着孩子，他就不知道学习。甚至有家长辞掉工作，专门在家陪伴孩子学习。我会提醒这些家长，千万不能这么做，因为这样做不仅不能解决问题，还会让孩子丧失学习的动力和兴趣，甚至激化家庭矛盾。而且，家长把自己所有的价值都放在了孩子身上，一旦无法掌控孩子的学习，就会认为自己没有价值。

我曾问过一些学习比较好的孩子的家长，为什么孩子学习好？我发现，这些家长几乎都会说"我也没怎么管他"。他们是在炫耀，还是不愿意透露孩子学习好的秘诀？其实，"我也没怎么管他"就是发生在其家庭中的事实。

"我也没怎么管他"，意思是家长要学会放手，要给孩子一些自主权，让孩子自己做主。

许多家长在给孩子自主权这件事上存在疑问，比如，家长知道要给孩子自主权，却不知道怎么给、给到什么程度。给孩子太多的自主权，会担心孩子在许多事情上越做越错；给得太少，又怕不能激发孩子的动力。

给予孩子自主权的度确实很难把控。我告诉大家一个相对有效的方法：在给予孩子自主选择权时，给孩子"可选择的"选项就足够了。例如，不能直接问孩子"你午饭想吃什么菜"。如果这样问，孩子回答"想吃炸鸡排"，你觉得炸鸡排不健康，不能吃，告诉孩子吃西红柿炒鸡蛋,一旦发生过几次类似的事情,孩子就会认为自己的自主权是虚假的,因为事情还是由家长决定,他就会逐渐丧失对家长的信任。家长可以这样问孩子:"咱们中午吃西红柿炒鸡蛋,还是小鸡炖蘑菇?"这样说就是在给孩子选项,引导孩子在一定的范围之内选择。

有的家长会这样问孩子:"你想什么时候写作业呀?"这样问,没有给孩子选项。如果孩子告诉家长想玩一会儿,晚上9点以后再写作业,如果家长尊重孩子的选择,会影响孩子的睡眠和第二天的学习;不尊重,孩子就会不高兴,还会把不满情绪转移到学习上,觉得学习很痛苦。家长应该这样问:"你是先吃饭再写作业,还是写完作业再吃饭?"或者"你是先写数学作业还是先写语文作业?"这样问可以让孩子在可控范围内选择。

再比如,孩子放学到家先看电视,而不是先写作业。你一定不要用这种命令式的口吻对孩子说:"你不要看电视了,赶紧去写作业!"而是要让孩子自己选择:"孩子,你是先看电视还是先写作业呢?"如果孩子的回答是"先看电视",你可以继续问他:"你准备看10分钟还是看20分钟?"请记住,你给孩子的预期是他能够接受的。在这个预期之内,孩子得到了他想得到的,你也达到了你的目的,亲子之间就会其乐融融。

孩子在可控范围内做出选择后,家长一定要对他的选择给予认可。

比如,孩子每天有看电视的时间安排。他可能看40分钟,也有可能看20分钟。这时家长可以说:"宝贝,你能根据自己的需求做出选择,说明你很清楚自己想要什么,这很棒!爸爸相信你能把控好时间。"

当孩子在及时完成学习任务之余，能够合理安排看电视的时间时，家长同样要及时给予肯定。家长可以这样对孩子说："宝贝，妈妈发现你最近在看电视和写作业的时间分配上做得特别好，你自己总结出了规律，学会了协调两者的关系，说明你越来越懂得自我管理了。"通过认可的方式，孩子也会不断强化自己的行为。

冰冻三尺非一日之寒。亲爱的家长们，此时你们一定要明白一个重点：任何事情都不能急于求成，不要期望孩子立刻能做出180度的转变，而是给孩子足够的时间去成长。要留给孩子一个缓冲期，要逐步引导他，放权让他做选择，这样他就会逐渐拥有掌控权。

你要认识到这一点，并且充分相信孩子，他目前只是缺乏时间观念，尚未养成掌控时间的习惯，这需要一个过程。家长需要一周一周地去做，发现孩子的进步就不断地肯定并做好记录。经过一段时间后，你拿出记录表告诉他："孩子，你看，以前你要看一个小时的电视，现在只看40分钟，而且作业也按时完成，你真的进步了。"孩子意识到家长在关注这件事，自觉和掌控感就会慢慢回到他自己手中。

有的家长总认为孩子还小，不放心或舍不得放弃自己最后一点控制欲。其实只要我们松开手，情况便会有极大的转变。家长如果想让孩子在"自己说了算，自己愿意干"的动力模式下有效运转，就必须让孩子获得掌控学习的权利。家长要相信孩子的能力和选择，相信他需要这一成长过程，这样一来孩子的成长必定会超过你的预期。

巧用游戏激励机制，用成就感激发孩子的学习动力

一、寻求价值感是孩子沉迷游戏的主要原因

许多孩子都喜欢玩游戏，家长们经常感慨，如果孩子能把玩游戏的劲头用在学习上就好了。请各位家长认真思考一下，自己是否对游戏存在误解？我曾经做过一个调查，90%的家长都有这样的认知误区：孩子沉迷游戏而不去学习，是游戏让孩子不爱学习的，也是游戏导致了孩子学习成绩下滑。于是，我们自然而然地把过错归咎于游戏，进而在家里做出拔网线、改游戏账号密码、没收手机等行为。然而，在尝试过各种方法后，却发现效果并不理想。

我想告诉大家，并不是游戏让孩子学习动力不足，而是孩子学习动力不足，才到游戏中寻找自己的价值感。一个孩子在成长过程中，需要通过某种方式找到自己的价值，证明自己的价值。如果孩子在学

习方面找不到乐趣，无法树立信心，难以体会到价值感和胜任感，那他就可能去其他的地方寻找自己的价值感，证明自己的存在是有价值的。所以我们要明白，如果孩子没有学习的动力、学习的兴趣，即便他没有沉迷游戏，他也会在其他方面去找到自己的价值，比如沉迷小说、电视剧、追星、打扮、谈恋爱甚至打架斗殴等，他一定会在某一点上凸显自己、突出自己、证明自己。

如果你的孩子已经沉迷于游戏了，也请你不要急，你还有时间、有机会去补救，因为孩子的成就感在哪里，他的热情就在哪里，动力就在哪里，他就会把时间花在哪里。所以，要用成就感驱动孩子成长，孩子就会自然而然地获得一种内在的动力和自觉，会自发地朝着良好的方向发展。

一位家长在论坛发了一个帖子，要求电脑游戏设计者给予回复。他说，他努力了10年的时间，还是无法让孩子从虚拟的游戏中回到现实。他相信有很多父母也遇到了同样无奈的情况，并因此沉浸在痛苦和不安之中。他恳请网络游戏商给这样的父母提供一个方法。

这个帖子引起了一部分人的关注，不少人留言帮这位家长想办法。其中，一名游戏设计者的回复让人沉思良久：

作为一名从业多年的资深游戏策划，我要向您说明一个事实——商业化的网络游戏的设计无一不是为了让玩家沉迷的。我们做的所有功课比各位父母要深入得多，这根本不是一个维度的对抗。我们非常懂得您的孩子喜欢什么、通过游戏想要获得什么，以及他愿意为了游戏付出什么。我们的数据平台上可以查到百万游戏玩家的数据及相关调研，我们游戏的每一次改动都和这些数据有关。我相信，我比您更了解您孩子的喜好。所以，当孩子沉迷游戏时，无奈是大多数父母的感受。

我的孩子在读小学，他也玩游戏，但是没有对游戏成瘾。引导玩家和教育孩子没有本质的区别，只是我的游戏引导经验比您的教育经验更丰富，教育孩子的方法比您的更科学。

……

他们设计出来的游戏是如何抓住孩子的心甚至让孩子上瘾的？我们不妨以某款极为流行的游戏为例来进行剖析。

玩家第一次进入这款游戏，游戏便会赠予玩家几个免费的英雄或者英雄体验券。玩家倘若能够保持连续登录，那么每天还能获取与之相应的奖励。

这款游戏精心设置了不同目标达成的反馈系统。通过该系统，玩家随时都能收获一种成就感，内心始终有一种获得感。举例来说，当玩家成功达成某一个成就后，游戏系统就会立刻给予激励，并触发下一个任务的开启，这无异于又为玩家制定了一个新的目标。如此这般，玩家便在不断获取成就感及追逐新目标的过程中，越来越沉浸于游戏之中。

游戏还会用不断出现的小目标为游戏玩家构建起游戏进程。每当一个小目标得以实现，激励机制便会即刻启动。细想一下，这般巨大的诱惑，无疑会吸引孩子主动去挑战后续更具规模的任务与更多的目标。因此，在此处我们需留意一点，游戏所设计的激励机制必定呈循序渐进之势，遵循由易到难的规律。如果起始阶段的难度过高，玩家极易因挫败感而放弃，即使设定了丰厚的激励，也难以激发大多数人持续不断的兴趣，唯有从简单目标起步，逐步树立信心，玩家在持续收获激励与成就感的进程中，才会有动力去应对后续逐步递增的难度。

通过对这款游戏的体验，我发现它具有有效的激励机制，能够让大量玩家爱不释手。我们一起研究它的激励机制，看看有哪些内容或方法值得借鉴。

第一，激励机制设定的标准绝不能难度过高，应该设定一个极易达成的小目标，使玩家能够轻松上手，凭借这种获得感逐步加深兴趣，而后再循序渐进地推进，这一点极为关键。

第二，及时的奖励与反馈无处不在。比如，玩家在使用游戏中的一些技能时，游戏界面会呈现出炫酷的技能特效或者弹出其他玩家的夸赞，从而让玩家得到积极的反馈。此外，当击败对方或通过关卡时，还会增加经验值和系统奖励，这样便能够购买更多的装备，进一步提升在游戏中角色的实力与体验感。这一系列及时且丰富的反馈与奖励，也是游戏让玩家极易上瘾的重要因素之一。

第三，在赢得一局游戏后，玩家会得到一颗星星，失利则会失去一颗星星，而星星象征着玩家的等级和荣誉。所以，一局游戏的胜负结果自然而然会在玩家心中催生一种动力，使其或是为了追求下一局的胜利，或是带着胜利后的愉悦心情及强烈的求胜欲，迫不及待地开启下一局游戏。

第四，荣誉体系较为完备。玩家做出的每个关键动作、拿下的每

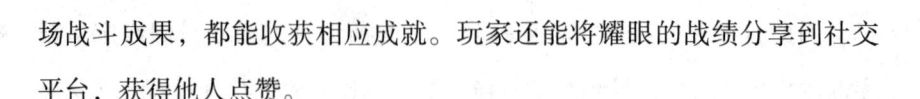

场战斗成果，都能收获相应成就。玩家还能将耀眼的战绩分享到社交平台，获得他人点赞。

第五，提供满足感。游戏里的诸多设定，如层出不穷的英雄、接二连三的任务、丰厚的奖励、炫酷的特效、华丽的游戏皮肤等，都在源源不断地为玩家提供满足感，让玩家上瘾。

各位家长，看了上述分析，你是不是对这款游戏的激励机制和孩子玩游戏上瘾的原因有了一定的了解与感悟？

二、借鉴游戏的激励机制，让孩子热爱学习

其实，我们可以借鉴这款游戏的激励机制，激发孩子对学习的热爱。

1. 激励要从易到难，循序渐进

就拿培养孩子阅读习惯这件事来说，假设设定了阅读一篇特定字数文章的目标，要想让孩子真正投身其中、乐在其中，关键在于勾起他们的兴趣，让他们从简单任务里收获乐趣。具体如何做呢？

首先，挑选合适的书籍很关键。家长可以跟孩子共同挑选一本趣味性十足的读物，这类书籍往往能催生诸多讨论话题，为亲子间的交流互动留出充裕的想象空间。比如《西游记》，可选择的阅读方式五花八门：第一天，家长声情并茂地读给孩子听，用生动讲述开启故事大门；第二天，让孩子对照书籍内容，复述给父母，锻炼其表达能力与记忆力；第三天，亲子合力把故事情节演绎出来，通过角色扮演增添趣味，让孩子加深理解；第四天，依据书中内容提出几个问题，或是

展开一场天马行空的讨论……家长可以时常变换花样，保持新鲜感。只要肯用心琢磨，方法总比困难多，如此一来，孩子对阅读的期待值会大幅攀升，阅读渴望愈加强烈。

需格外留意的是，起步阶段千万别贪多求快。如果章节篇幅长，一天安排一个章节显然不现实，哪怕只读半个章节、几段话都没问题，一章拆分成两天甚至一周读完也无妨，要让孩子反复精读、演练，重在夯实其基础。

其次，时间一定要固定。养成习惯离不开时间、地点、内容三大要素。每晚睡前就是个绝佳且易操作的固定阅读时段，久而久之，孩子睡前阅读会形成生物钟。待孩子真正沉浸在阅读乐趣里，家长就要和孩子一起重新规划阅读计划。

最后，家长要时刻警醒自己别贪多。有时家长觉得孩子多读一点是一点，却不知这样易让孩子产生被动完成任务之感，仿佛是被要求、被操控着读书，而非出于自身主动需求。如果孩子读得入迷，迫不及待想读下一章节，家长可以及时"刹车"，用类似评书里那句"欲知后事如何，且听下回分解"吊足孩子的胃口，让他满怀对明天的期待，维持阅读热情。

总而言之，第一个激励机制的核心就是从简到难、循序渐进，过程中家长一定不能贪多，要全力让孩子感觉阅读是轻松愉悦的，成功激起孩子的阅读兴趣。

2. 激励一定要即时

在这里，我给大家列举一些常见的现象，方便大家更好地理解相关道理。

比如说，两三岁的小孩子常常热衷于在墙上随意乱写乱画，甚至会把墨水弄得满墙都是，一片狼藉。那大家想过没有，孩子为什么对这样的行为乐此不疲？其实原因很简单——他们这种行为所产生的效果能够即刻呈现出来。孩子只需小手一挥，转眼间，墙上就布满了彩色的点点，这样的结果一目了然，十分明显。这就是对孩子刚才行为的一种即时反馈，孩子能够轻而易举地看到自己行为马上带来的效果，所以才会对在墙上涂画这件事如此热衷。

又如，有些孩子特别喜欢拼积木，或者摆弄各种各样的玩具。这又是为什么呢？因为他们在很短的时间内，就能凭借自己的努力，搭出一座漂亮的城堡、一套精致的房子。当这座城堡、这套房子呈现在眼前的时候，孩子心里别提多高兴、多兴奋了，那种喜悦之情溢于言表。这个过程就是孩子通过自己付出的努力，得到了即时的反馈。

而这种即时反馈对于孩子来说意义重大。它会让孩子的大脑迅速进入一种高多巴胺的状态，在这种状态下，孩子能够瞬间收获满满的成就感，体会到自身的价值感，还能感受到对事物的掌控感，内心充盈着愉悦和满足。也正是因为如此，孩子才会对做这些事产生浓厚的兴趣，越做越爱做。

那么，孩子为什么不容易从学习中获得即时反馈呢？

第一，学习带来成就感的反馈周期过长。孩子日复一日地坐在教室里听讲，做习题、背课文，付出诸多心力，却迟迟等不来成果验收的那一刻，得不到即时反馈。在这漫长的等待过程中，孩子内心的激情被一点点消磨殆尽。雪上加霜的是，偶尔还会撞上老师不留情面的批评，或是父母恨铁不成钢的数落。孩子满心期许努力能换来收获，咬牙坚持了一个月、两个月，甚至半个学期，却发现成绩依旧不见起色，满心满眼只有付出无果的失落，得到的全是打击、否定这类负面反馈。换位思考一下，别说是心智尚未成熟的孩子，就算是历经世事的成年人，面对这般情况，怕是也很难有毅力继续坚持了。

第二，学习成果的产出极具不确定性。即便孩子鼓足干劲、拼尽全力去学习，成绩也未必能够得到提升。要知道，一场考试成绩优异与否，受众多因素的制约：孩子的学习习惯、学习方法、考前心态、临场发挥、考卷难度系数等。这些复杂多变的因素，无疑加大了孩子收获成就感、获取正向反馈的难度。

第三，外界的负面评价。不少家长一见孩子成绩不理想，免不了一顿批评，脱口而出的多是负面评价，像"你怎么这么笨""这么简单都学不会"。长此以往，孩子内心被负面情绪填满，自信受挫，原本炽热的学习动力也在指责与打击中悄然熄灭，丧失了继续拼搏的勇气与兴致。

所以，在激励孩子这件事上，不仅要把握时机，做到及时奖励，也要时刻有正向的反馈，尽量减少负面的评价。

还是以培养孩子阅读习惯为例。当孩子读完一个章节时，家长不妨来一些可视化操作，比如在墙上贴一颗小星星，别看这只是个小动作，意义却不容小觑——它给予孩子即时反馈，每贴上一颗星星，成就感便在孩子心中多累积一分。从周一积攒到周五，集齐五颗小星星，这时就可以把主动权交到孩子手上，让孩子自己提议，是策划一场周末全家出游活动，或是挑选下一轮阅读的书，又或是满足孩子看一场电影的小小心愿。重点在于，这些奖励内容必须是亲子双方共同协商敲定的，唯有如此，孩子才能真切体会到满满的获得感，由衷觉得这是靠自己努力挣来的。"这份大餐是我完成阅读任务赢来的""这场出游是我好好读书换来的"，怀揣着这样的想法，孩子会格外开心，成就感也会直线飙升。

不少孩子成绩不尽如人意、学习效果欠佳，究其根源，往往是在日复一日的学习进程里，寻觅不到一丝成就感，缺乏那股激励自己持续奋进的动力。面对这种情况，家长们不妨巧用妙招，和孩子携手设计一款趣味十足的"盲盒"。

比如，事先跟孩子做好约定：每顺利写完一页作业，或是出色完成一项作业，就能拥有一次抽取盲盒的机会。每个盒子里都有一个标签，这些标签有的对应着实实在在的奖品，像孩子心仪已久的精美文具、香甜零食，或者期待许久的玩具模型；有的承载着孩子小小的心愿，像是周末去一次游乐园、跟爸爸妈妈一起看场电影等。

由此可见，关键要点在于巧用可视化手段让孩子随时能直观看见自己取得的成绩，一步步建立起胜任感，助力孩子在成长之路上动力满满、步履不停。也就是说，只要我们能够及时察觉孩子的表现，及时看见孩子的努力，迅速给予他们欣赏与激励，那么孩子在学习过程中的所有付出就会更具价值，他们也会因而获得更强劲的动力。

3. 激发出孩子渴求胜利的欲望

无论是参与游戏活动，还是投身竞技赛事，抑或是在学习领域拼搏，每个人内心深处都怀揣着对胜利的渴望，这是人类与生俱来的胜负欲。所以，家长应该激发孩子对胜利的渴望，从而带动孩子产生学习热情。

家长不妨试着带孩子去参加各类阅读相关的比赛，主动为孩子创造机会，或者召集几个年龄相仿的小伙伴，组建成一个活力满满的阅读小团队。针对团队活动，从过程、结果乃至细微之处着手，精心设计互动环节，让孩子们尽情融入互相切磋、彼此分享的氛围当中，安排孩子们轮流给小伙伴讲述自己读到的精彩故事。你会发现，每个孩子心底都潜藏着一股渴望胜利的劲儿。毕竟，赢意味着能够尽情展露自身的闪光点，赢得他人的夸赞与认可，大家都很向往。

4. 增强孩子的荣誉感和身份认同

为何荣誉感这么关键呢？答案很简单，荣誉感就像一台强劲的引擎，能推动孩子持续奋勇向前。荣誉感究竟指的是什么呢？其实，它在很大程度上是一种独特的身份认同感。

那些热门游戏的开发者深谙玩家心理，为每一个踏入游戏世界的孩子量身打造了专属英雄角色，同时也给他们勾勒出一个个宏大壮丽的目标愿景。此外，一些竞技类游戏也强调团队作战，孩子们齐心协力、各展其能，将团队协作的智慧彰显得淋漓尽致。他们沉浸式体验着与队友并肩作战、生死与共的热血场景，关键时刻挺身而出、力挽狂澜，实打实感受一把英雄的豪迈，这份经历对孩子成长意义非凡。

或许有些家长会心生疑惑："游戏里那些都是虚拟的，并不是真实的。"话虽如此，孩子们在游戏进程中收获的成就感却是毫无半分虚假的。游戏世界里，孩子们怀揣英雄梦想，肩负起使命，一步步成长蜕变，直至成为英雄。对比之下，现实生活中枯燥乏味的学习、不理想的成绩、家长没完没了的唠叨……很容易就把孩子内心那份炽热磨灭得所剩无几。

不得不承认，一款小小的游戏能让孩子望见自身蕴含的无限潜能，深切体悟到专属身份赋予的荣誉感与使命感。既然知晓其重要性，那具体该如何唤醒、激发孩子内心这份使命感呢？这得从思想根源处循序渐进、慢慢滋养。当下我们至少要弄明白一点：一定要给予孩子积极正向的身份确认。

孩子获得成就感的所在之处，便是其热情、专注力、兴趣及动力的汇聚之地。由此可见，并非游戏直接致使孩子丧失了学习动力，根源在于孩子自身原本在学习方面就缺乏足够的动力，未能在学习过程中找寻到那份能让自己感受到胜任的感觉，所以他们的热情才会被游戏吸引过去。毕竟，孩子在学习中无法体验到成就感，无法确认自己能够胜任学习任务并取得成果时，就容易对学习产生疏离感，转而在游戏里去寻求那份能够满足自身心理需求的成就感，从而将更多的热情和精力倾注到游戏当中了。

因此，当我们觉得游戏会毁掉孩子时，是不是应该反思一下自身在哪些方面做得有所欠缺，以至于让游戏"俘获"了孩子的心呢？我们应当从游戏中汲取经验，如果能够将这种激励机制巧妙地运用到孩子的学习过程中，便可以让孩子开心愉悦、满怀热忱地努力学习。

及时强化，让学习热情持续高涨

无论是孩子学习，还是成年人工作，想要进入忘我的状态，都可以使用随机强化的方法。

我们来看一个心理学方面的实验。

实验者在一个箱子里放了一只小老鼠，箱内设有一个可投放食物的食槽，还放置了一个按钮。

在实验的第一阶段，小老鼠一旦按下按钮，食槽便会掉落食物。经过反复多次的实验，小老鼠逐渐学会了主动按按钮。其表现为，小老鼠一感到饥饿就会按按钮，不饿的时候则不会按。这一行为充分显示了小老鼠的聪明之处，饿时按下按钮就能从食槽中获取食物，不饿的时候自然不去按按钮。

那么从这个阶段能得出怎样的结论呢？结论便是关于什么是

学习。实际上，学习就是我们认知事物之间的因果关系的过程。最初，小老鼠在箱子里饿了想找食物吃却不知如何获取，只能四处乱碰，最终发现只要按到这个按钮，食物就会掉落下来，经过反复多次验证，确实如此，小老鼠学会了通过按按钮来获取食物的方法。小老鼠发现只要按下按钮就会有食物，进而建立起这种相关性，而后通过不断重复这一行为，不断强化，从而形成了记忆及相应的行为习惯。

实验的第二阶段，实验者重新设置了规则：小老鼠按按钮不会得到食物，但是如果它不按按钮会遭受电击。为了不遭受电击，小老鼠会不停地按按钮。有一个现象值得注意，实验者一旦停止电击，小老鼠就不再按按钮。第二阶段的结论是，如果我们试图借助惩罚手段来促使他人养成某种行为，那么，一旦撤销这份惩罚，相应的行为往往会立刻消失。

到了第三阶段，实验者再次改变规则。此前是小老鼠一按按钮就会掉落食物，而现在设定为每隔一分钟才会掉落一次食物。实验结果显示，刚开始小老鼠为了吃到食物会不停地按按钮，但过了一段时间后，当小老鼠想吃食物时，它会先等待一分钟，然后再去按按钮，在这等待的一分钟内，它是不会去按按钮的。

这个阶段的结论是，当我们明确知道做一件事情暂时不会有结果、得不到反馈的时候，我们通常是不会去做这件事的。

第四阶段则是本次实验内容的重点所在。在这一阶段，规则变为小老鼠需要按动 40~60 次按钮，才会有食物随机掉落。起初实验者猜测小老鼠可能不会再去按按钮了，然而实际结果是小老鼠一直在不停地按按钮。因为它并不知道食物具体会在何时掉落，于是只能不停地按按钮，满心期盼着突然有食物掉落下来，好借此填饱肚子。实验者据此得出了第四阶段的结论：希望加上随机性，可以极大地强化生物的行为。

一、家长如何借助科学实验结论培养孩子良好的学习习惯

我们不妨把上述科学实验里每一阶段的结论巧妙地迁移到孩子学习这件事上，从而获取一些具有价值的启示。

从实验第一阶段的结论中我们可以得知，要建立孩子和学习之间的联系，需要不断地重复、强化、巩固，从而形成行为习惯。

实验第二阶段的结论是如果我们试图借助惩罚手段来促使他人养成某种行为，那么，一旦撤销这份惩罚，相应的行为往往就会立刻消失。各位家长不妨结合这一结论，认真思考这在我们现实生活里意味着什么。相信大家心里都有过疑惑，为什么平日里对孩子又是责骂又是吼催，结果却不尽如人意？原因就在于，这种靠责骂、吼催逼出来的孩子的行为，是极容易动摇的。只要家长停止责骂、吼催，孩子立刻就不愿再继续相应的行为了。家长偶尔重拾责骂、吼催的手段时，孩子或许还会出于惧怕或迫于威慑去做，但随着孩子一天天成长，心智逐渐成熟，责骂、吼催的威慑力会不断被削弱，渐渐就失去作用了。

要知道，责骂、吼催可不单单是效果不佳这么简单，背后还潜藏着诸多隐患。家长长期依赖责骂、吼催来教育孩子，孩子不仅难以养成自律、主动做事的好习惯，到最后，连他们原本能做到的那些事，

他们也不愿再付诸行动了，亲子关系还会在这个过程中变得越来越紧张、越来越脆弱。

我们再来看实验第三阶段蕴含的道理。在生活中，大家都遵循着一个潜在规则：当明知做一件事毫无结果、得不到丝毫反馈时，人们往往就不愿付诸行动了，孩子在学习这件事上同样如此。有些孩子写作业时拖拖拉拉、磨磨蹭蹭，一副不想动笔的模样，这是深深的畏难情绪在作祟。他们心里很清楚，自己在学习上已经落下了很多功课，再怎么努力都是白搭，反正也追赶不上、做不好了，于是还没开始尝试，就打起了退堂鼓。

这时候，有的家长会满心疑惑，甚至忍不住反驳："戴老师，我家孩子可不是这样，骂一顿立马就会做了，明明是能做到的！"可事实真是如此吗？很多时候，孩子被外界高压逼迫而短暂激发出来的所谓"潜能"，不过是假象罢了，那或许只是巧合，或是瞬间的灵光乍现，压根不能等同于孩子真实具备的能力。

家长大声吼骂的时候，孩子感受到的是实打实的危险情境，身体出于本能，会大量分泌肾上腺素，整个人进入应激状态，大脑飞速运转，靠着这股劲儿"超常发挥"，作业似乎也会做了，难题仿佛能解了。可一旦脱离这种高压逼迫，回归到日常学习节奏，平静状态下的他们，不一定真能做对那些题目。

所以，希望大家往后都能放平心态，试着去理解孩子。有时候孩子做出了正确答案，很可能只是误打误撞、灵光一闪，别错把偶然当必然。如果孩子下一次又做错了或做不出来，千万不要责骂他。他们并非有意跟你作对，或许只是还没真正掌握知识与解题技巧。在以后辅导孩子学习、陪伴孩子成长的过程中，请你务必多些耐心，全力克制住情绪，一步一个脚印，慢慢引导、细细教导，陪着孩子稳稳当当地进步。

最后，我们来看实验第四阶段带给我们的启示。就像科学家为小老鼠特制的箱子一样，规则设定得十分关键——小老鼠按动一定次数的按钮后，食物会随机掉落。正是怀揣着这份"按按钮就可能有食物"的期待，小老鼠才不知疲倦地持续按动按钮，期盼美食从天而降。

对应到孩子的学习安排上，道理如出一辙。家长们就要留心了，千万别一股脑地给孩子安排超长时段的学习任务。打个比方，面对课后作业，完全可以巧妙拆解，化整为零，把一整套作业拆分成多个小节。一旦作业量堆砌得过多，孩子在学习过程中就极易丧失随机性带来的新鲜感与期待感，更别提收获的喜悦了。这时候，不妨将作业细化到一篇篇练习册，或是一页页田字格本，秉持"量不在多，贵在精"的原则，甚至越少越好。如此一来，孩子在学习的各个小阶段都有可能撞大运、收获惊喜；即便一时半会儿没碰上顺心事儿，心里也会惦记着下一个小目标，满怀期待地奔赴下一程。

最终要达成的理想状态是：孩子每完成一小部分学习内容，内心都能充盈着满满的收获感、喜悦感，越学越带劲。就拿孩子写字来说，哪怕一篇字里只有寥寥几个写得格外漂亮、规整，家长也得敏锐捕捉到这些闪光点，及时送上夸赞："孩子，你这几个字写得可比爸爸强多了！瞧瞧这一横、这一竖，笔锋多标准哪，爸爸都得向你好好学习。"这种发自内心的鼓励，瞬间就能点燃孩子内心喜悦的小火苗。

做题也是一样，就算孩子十道题只做对了一道，那也是闪光点。

家长不妨故作惊喜地说道："这道题难度可不小，你居然做对了！快给爸爸讲讲思路，你到底是咋攻克它的？"语气里的激动与好奇，能将孩子心底的成就感、收获感烘托得足足的。正是这日常生活里的点点滴滴，汇聚成孩子学习路上源源不断的动力源泉，让他们发自内心地爱上学习，主动投身知识的海洋。

二、激发孩子学习兴趣的注意事项

在运用随机强化这一方法时，还有几个关键注意事项需要家长牢牢把握：

第一，时间不宜过长，最多不超过 10 分钟。一旦时间太长，孩子就会产生倦怠感，无法集中注意力，也会认为投入的成本过大，得到的太少，从而感觉没意思。

第二，过程要稳定。家长可以先从一门功课或者一个活动开始，慢慢强化孩子的行为，然后再扩展至其他学科的功课或活动。

第三，内容不要太难。如果任务太难，孩子容易产生畏难情绪，丧失动力和兴趣。

第四，结果是随机的。家长应该确保孩子在学习过程中始终满怀期待。正是这种持续且随机的刺激，促使孩子萌生兴趣，获得了持续主动学习的根本动力。

当然，随机强化仅仅是一种辅助性方法。如同孩子起初学习走路一样，家长可能需要适时地给予扶持、协助，但最终目的必然是让孩子能够独立走路。学习亦是如此，我们开展各类活动，就是在激发孩子学习的核心动力,而不是长期为其提供无微不至的辅助。

请大家铭记这句话:采取行动的最终目的是达成无需外力介入的自主状态。家长最终要引导孩子领悟学习的真谛,使孩子能够自行感受从学习中汲取知识所带来的愉悦感与成就感,从而实现自我驱动的学习与成长。

巧用碎片化时间，让孩子进入高效学习状态

一、孩子无法进入高效学习状态的原因

很多优秀的孩子不仅成绩优异，爱好发展也很均衡，他们在完成学习任务的同时，还能广泛地参加各项活动。他们是如何做到的？其实，他们只是做对了时间管理这件事。而许多学习缺乏动力的孩子则不会管理自己的时间。如果你的孩子缺少对学习的动力，请你回忆一下，他是不是做什么事情都比较拖延？比如，早上需要你叫很多次才会起床，上学的路上也是磨磨蹭蹭，写作业时更是拖拖拉拉……眼看时间流逝，可他不仅功课没有做好，其他任务也没有完成。这类孩子似乎缺乏时间观念，尤其是在写作业时，别人用一个小时就能完成作业，他往往用一个半小时、两个小时才能完成；别人可能花 15 分钟就背会一篇课文，他有可能 30 分钟才记住。

有的孩子给我们的感觉是,他每天除了学习似乎还是学习,甚至家长还在不停地催着他学习。在这种情况下,他还会主动地学习吗?孩子如果几乎没有学习以外的生活,那么必然会有一种被困住、失去自由的感觉,仿佛只能做学习这一件事。如此一来,孩子的学习动力也会不足。

可能有的家长会不太认同,会对我说:"戴老师,你说孩子不会管理时间我可以接受,但是作为家长,我们其实每一天都为他做好了时间规划。比如每一天要背多少个单词,要完成几篇阅读和作文,甚至连孩子运动的时间都替他做好了。"我们必须强调,不建议大家每一天都按照固定的数量定目标、做规划,因为这很难达成。为什么很难达成?有这样几点大家一定要注意。

1. 学习一旦被中断,就很难坚持

比如,今天受到情绪干扰,没有学习的兴致;或者晚上家里来了亲友,需要聚餐;或者还有一些类似于外出的计划。一旦情况有变,连续两三天就没办法跟上,特别容易中断,后面想继续就会变得格外困难。如果没有配合激励机制,就容易出现疲乏感,孩子也会觉得自己每天都要完成这个任务,还要被家长监督,就会出现被动拖延的情况。

2. 缺乏适当的奖励和反馈

一部分孩子在学习时一方面看不到整体的目标,另一方面又看不到积极的反馈,就很难持续有效地坚持。所以不妨和孩子约定,一星期背多少单词、阅读几篇文章、完成多少习题,然后把计划大大方方

地写出来，贴在方便看到的地方，比如靠近书桌的墙上。要写清目标、实现目标的期限，以及完成目标的奖励机制。

3. 孩子缺乏掌控感

一些家长给孩子规定学习的时间，或者必须在某天完成学习任务，使得孩子缺少自由掌控的感觉，也容易招致孩子的排斥。家长可以用弹性的方法帮助孩子规划时间。比如，家长让孩子一周阅读三篇名家散文，可以和孩子约定在哪几天阅读，或者是一次阅读三篇，还是分开阅读。总之，让孩子有自主权，让孩子有掌控感，自己可以应对一些变化。

二、巧妙运用碎片化时间，提高学习效率

每个人在日常生活中都会拥有碎片化时间，孩子也不例外。就孩子而言，其碎片化时间可能出现在早上起床后等待用餐之际、乘坐公交车途中等。我们应当依据孩子具体的生活状况，与孩子一同对这些碎片化时间加以梳理整合，进而绘制出一份专属于孩子个人的碎片化时间分布图。如此一来，我们便能清晰地了解到孩子的碎片化时间究竟分布于哪些区间范围，以及各个时段的具体时长。接下来我们便需要针对这些时间展开有效的规划，使其能够得到充分合理的利用，为孩子的成长与学习助力。如果我们能够善加利用，并进行高效管理的话，孩子就能够比他人拥有更多可供支配的时间。如此一来，他相较于其他人在成长和进步的道路上就会更有优势。

接下来讲解如何妥善管理这些碎片化时间。

1. 六类碎片化时间

我把碎片化时间分为六类。

第一类，可以用眼睛反复看的碎片化时间。

在这一类时间里，孩子可以把需要背诵的内容记在一个小卡片或者一个小本子上，有空就拿出来看一看、读一读、背一背。比如文科类的古诗词或者英语单词，或者理科类的公式等，这些只需要反复地看、反复地读、反复地背就可以了。

第二类，可以用耳朵反复听的碎片化时间。

在这一类时间里，孩子可以听英语、有声书、音频课程等。

第三类，可以用大脑反复想的碎片化时间。

有些碎片化时间的场景不方便说话，这时孩子可充分利用大脑进行回想、回忆与回顾。可以回顾新近学习的知识，像是英语短文，或者在脑海中梳理一道数学题、物理题的解题思路与方法。这样的回顾行为不但能够加深对知识的理解与记忆，起到巩固知识的作用，还能提升运用知识的熟练度，使孩子在面对相关问题时能够更加迅速、准确地做出反应与解答。

第四类，可以动手写下来的碎片化时间。

在这一类时间里，孩子可以用笔随时做记录。比如，复盘今天学习的知识，记录自己学习之后的心得体会，也可以写下明天的学习计划，等等。在这些可以用来总结回顾如何学习、怎样优化学习方法的碎片化时间里，孩子能够养成随时随地记录的良好习惯。通过记录，

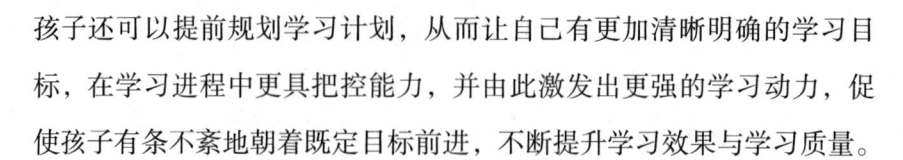

孩子还可以提前规划学习计划，从而让自己有更加清晰明确的学习目标，在学习进程中更具把控能力，并由此激发出更强的学习动力，促使孩子有条不紊地朝着既定目标前进，不断提升学习效果与学习质量。

第五类，可以用嘴反复读的碎片化时间。

孩子可以利用这类时间把需要背诵的内容读一读、背一背，比如文言文、英语短文、化学方程式等，或者其他需要记忆的知识。

第六类，可以让身体动起来的碎片化时间。

身体是革命的本钱。利用碎片化时间进行运动，孩子的身体能够得到有效的放松和锻炼，身体好了，精气神也就饱满了，从而有助于学习。比如，孩子可以做5分钟的肩颈放松，或者做眼保健操，或者伸个懒腰，或者看向远方，这些都不会耗太多的时间，长期坚持，却能取得良好的效果。

我们可以引导孩子把学过的知识系统地拆分，同时把每天要做的小任务列成表格，形成碎片化时间分布图，从而逐渐增强时间管理的能力。比如，根据要做的事情的内容，或者所需的时间长短，把它们放到碎片化时间分布图中的相应位置，从而提示自己在这些时间做这些事情。这样，孩子就能有效地利用碎片化时间实现高效学习。

2. 合理利用碎片化时间

第一，循序渐进。

选择三四个重要的碎片时间即可。不要让孩子把所有的碎片化时间都用来学习，否则孩子就会感到越来越不自由——原来我还有时间玩，现在所有的时间都用来学习。孩子就会排斥这一行为。

第二，不能太费脑。

利用碎片化时间学习，不要安排需要深度思考的内容，因为大部分的碎片化时间一般很难集中精力进行深度思考。

第三，内容选取需要多次重复的。

可以选择需要多次重复的、强化记忆的内容。孩子可以通过多次的阅读、背诵，不断强化记忆，这样就能避免用大量的整块时间记忆这些内容。这类知识即使占用一整段时间记忆，后续还是容易忘记，不如在分散的时间里反复记忆。

第四，集零为整。

碎片化时间最适合做的是小任务，通常情况下，需要记忆的可能仅仅是一句话、几个单词或者几个公式。此外，对于那些在学习过程中容易出错的知识点，比如知识漏洞，可以将其整理制作成卡片，或记录在小本子上，然后逐个解决。随着不断积累，众多小任务汇聚起来，就如同完成了一个大任务，如此便达成了集零为整的良好效果，有效提升了孩子的学习成效与知识储备。

以上就是关于碎片化时间使用的要点和方法，我们一定要注意的是：千万不要带着功利的心态让孩子尝试这些方法，而是和孩子慢慢尝试，如果心态不对，那么最终的结果一定是零。

从兴趣出发，家长巧妙引导孩子学习

一些家长会这样抱怨自己的孩子："一谈到学习，孩子就愁眉苦脸的；一提到玩或者和学习无关的事情，他就欢天喜地。"这些家长最大的愿望是什么？就是孩子能把用在其他方面的精力都用在学习上。其实这些家长不知道，这类孩子是很容易引导的，因为他们有自己的喜好，说明他们在这方面有足够的动力，只是对学习缺乏动力，或者没有激发出对学习的动力。家长需要结合孩子的兴趣，适当地引导孩子，让他逐渐对学习产生动力。

一、家长需要巧妙引导孩子学习

家长要找到孩子现有的兴趣爱好，只要能够巧妙利用孩子的爱好，就能让他爱上学习。

家长引导孩子学习，离不开对孩子的鼓励。鼓励的作用有两点，一是家长通过夸奖、鼓励孩子，和孩子建立友好的关系。关系很重要，建立了友好的关系，孩子才愿意向你倾诉。二是通过家长的鼓励和认可，孩子可以感受到他是被相信和支持的。

家长要引导孩子找到实现梦想的方法和路径。无论是兴趣爱好，还是未来的职业，都要落实在学习上。

我接触过一个低年级的小朋友。他在班上调皮捣蛋，把家里弄得鸡飞狗跳，家长拿他都没有办法。通过跟他一段时间的接触，我发现他有一个梦想——当考古学家。于是，我就这样引导他："孩子，听说你的梦想是当一名考古学家。是真的吗？"孩子肯定地点点头。我说："你这么小就立志当考古学家了，真了不起！希望你能成为最出色的考古学家。"孩子听后很高兴。我又问他："如果刚刚出土了一件文物，上面有古老的文字，而你并不认识这些文字，你会怎么办呢？"孩子思考了一会儿，答道："那我可能需要学习这种文字。"我说："是的，要学习知识，才能认识这些文字，了解这些文字的含义。"我继续问他："那你打算怎样实现你的梦想呢？"他回答："那我就得要好好学习了，不仅要学习考古方面的知识，还要学习其他方面的知识。"

在这一引导的过程当中，我仅仅抓住了孩子内心那份渴望成为考古学家的纯真愿望，因势利导，奇迹便悄然发生了——孩子自然而然地滋生出主动学习的动力，满怀信心地投身学习当中。

一个初三的孩子对我说："戴老师，我不想继续上学了，我想去学做烧烤。你不知道，我对做烧烤很感兴趣。正好我有一个同学能够介绍我到他亲戚所在的城市学习怎么做烧烤。我准备先在烧烤店当学徒，等掌握烧烤技术之后，我就回家乡开一家烧烤店或餐饮店。"我听到他说自己对做烧烤感兴趣，就想把他的兴趣引到梦想上去。

我对他说："孩子，听完你的讲述，我真的很开心，因为你和其他的孩子不一样。"他不解地问："有什么不一样？"我告诉他："孟子说过，志为气之帅。你是一个有梦想的孩子，虽然你现阶段的学习成绩不太理想，但你绝对不是混日子的人。你对自己的未来是有规划的——去大城市学本领，掌握技术，回家乡开店。"他点点头。我接着问他："你想做一个什么样的老板？是大型餐饮企业的老板，还是小餐馆的老板呢？餐饮业是一个替代性高的行业，要想做大企业的规模，就要做到专业度高、品牌效应强。"他说愿意当大型餐饮企业的老板。我继续分析："如果你想当大型餐饮企业的老板，那么就要思考想成为这样的老板需要具备哪些能力。"他回答："要有管理能力。"我说："仅仅有管理能力还不够，还要有沟通能力、学习能力、投资能力等，这些都需要你不断地学习。你准备到小餐馆当学徒，但在小餐馆中你可能无法学到这些能力。你现在刚刚初三，千万不要放弃学业，至少要考上中专或者技校，选择和烹饪技能相关的学校和专业，进行系统性的学习，将来才有机会到一些成熟的餐饮企业实习或工作。如果将来你在那里工作，你会逐步学到他们的管理经验、经营模式，逐步地摸清餐饮行业的门道。到那时，你是不是离自己的梦想更近了？"他听后眼睛发亮，并且连连点头。

于是，他放弃了辍学的念头，回到学校为他的梦想努力学习。

各位家长，只要孩子有感兴趣的事物，就证明他是有动力的。我们要趁机将孩子领到学习的道路上来。

孩子的每一个爱好都需要家长的引导，从而产生良好效果。

二、家长引导孩子学习的注意事项

家长要发自内心地为孩子好，站在孩子的立场上欣赏他，不要让孩子感觉家长在套路他，不要让孩子认为家长所做一切的目的是让他学习。换句话说，就是家长要理解孩子的梦想，通过支持和陪伴，让孩子感受到家长和孩子的梦想是有联系的，但不要生搬硬套。

需要注意的是，孩子对学习产生兴趣之后，仅仅是有了学习动力，他还是会在学习中遇到各种各样的阻力，可能会削弱原有的学习动力。所以，家长要记住，孩子对学习有了兴趣，不代表家长可以一劳永逸，家长仍需时刻为孩子补充能量，找到孩子面对学习畏葸不前的真正原因；然后借助爱的能量和前文提到的具体方法，让孩子重拾兴趣。

扫除孩子"心魔",让孩子重拾信心

一、孩子认为别人轻视自己的原因

在班级、年级排名中等或者偏下的孩子会认为别人轻视自己,原因大致有以下几方面。

1. 心理状态

由于家长、老师和同学都关注学习成绩,许多孩子便将学习成绩作为衡量自身能力高低、价值大小的标准。因此,学习较差的孩子很难从学习中获得成就感和价值感,容易产生自卑心理,会觉得别人看不起自己。在当下教育理念不断更新与优化的背景中,许多学校积极为学生营造宽松的学习氛围,从教学设备的更新到师资力量的提升,从课程设置的合理性到个性化教学的探索,都做出了努力,同时,家庭也更加重视孩子的身心发展，尽可能给予孩子认可与支持。然而，即便学校环境、家庭环境均有所改善，这些孩子仍会感觉被忽视，和优等生相比，他们受到的重视程度不足，由此产生心理落差。

2.学习状态

这些孩子上课比较吃力，难以听懂老师所讲的内容，写作业时也不知如何解题，很难独立完成作业。他们的畏难情绪、痛苦情绪比较大，很难进入良好的学习状态，所以他们的自我认知充满冲突和矛盾。

他们渴望上进，希望自己能做好，但是每次努力后的结果和内心期待的差距太大，所以他们容易陷入内耗和不良情绪中。例如，写作业走神，并非故意为之，而是他们真的不知道如何下笔、如何思考、如何演算。他们想写却不会写，就会感到烦躁。此时家长如果也烦躁，在行为、言语上表现出来，孩子可能会用发脾气甚至不想学习的方式来对抗家长。

家长要明白，孩子从烦躁到对抗，是在意学习和学习结果的表现。家长如果处理不当，孩子就会出现"我不学了""躺平了""我想请假，不想上学"等心态，甚至出现休学或辍学的情况。

二、孩子对学习缺乏信心的几种表现

孩子对学习缺乏信心，具体有四种表现。

1. 无能量

孩子尝试多种方法仍然学不好,想做好却做不好,内耗严重,陷入精神挣扎。

2. 无价值感

这类孩子经常被家长和老师批评甚至无视,自信心逐渐被消磨,认为自己没有价值。

3. 无希望

孩子渴望成功和他人的认可,但是在一次次的打击下认为自己不行,也无法得到家长、老师、同学的认可,看不到未来和希望。

4. 无办法

孩子觉得自己尽力了但没有办法改变,尝试多种方法都无果,陷入无力的困境。

三、家长如何帮助孩子重塑对学习的信心

很多孩子的情况其实是上述四种现象的不同组合。对于这些现象,家长要正确应对。例如,孩子写作业拖拉,不一定是态度问题,很有可能是能力问题,家长若一味地将其解读为态度问题并批评孩子,会增加孩子内耗,使其感到羞耻、缺乏自信。自信是自强的基础,孩子如果不相信自己,就不利于其今后的学习,甚至可能走向极端。家长

要采用合适的方法，理解、关心孩子，给予他肯定、爱和温暖，让他感到被接纳。

如果孩子一谈到学习就烦躁不已，不让家长过问，家长要明白孩子内心纠结的本质——既看不到希望又不愿承认自己不行。此时家长不要贬损孩子，否则容易打击孩子的自信心和自尊心。正确的做法是暂时不谈学习，先从其他方面入手，找到孩子的优点，例如今天比昨天早起床10分钟、某一页字写得很漂亮、开始关心父母等，给予及时肯定，让孩子知道自己的闪光点。这些做法会为孩子补充能量。

有些孩子看似躺平，其实他们也想改变，只是多次尝试未果。这类孩子大多基础知识不牢固，认为自己很难追上其他同学。对于这类孩子，家长要让他们明白，尽管各阶段的课程有关联，但是在考试这个层面关联并没那么强，并非在考试中不能得到分数。比如，孩子掌握了一种修辞手法、几个句型也能在考试中得到分数。这说明，哪怕孩子整体学习基础薄弱，也能通过掌握部分知识点，在考试中取得一定成果，不是完全没有收获的可能。家长要将这一理念传递给孩子，避免他们认为自己必须完全掌握所有知识才能考好，而背上沉重的心理包袱。有些孩子则觉醒得较晚，家长要告诉他们应从当下开始掌握每一个知识点，再攻克下一个知识点，逐步收获成功和喜悦。即使有些知识点没有学会，也不要气馁。要有日拱一卒、水滴石穿的精神，将大目标分解成一个个小目标，在攻克一个又一个目标的过程中获得成就感。比如，从做简单题目入手，逐步建立信心，再做难度一般的题目，最后挑战有难度的题目。我身边就有一些看似丧失学习动力的孩子通过这种方式逐渐地取得了好成绩。

"不积跬步，无以至千里。"不管是家长还是孩子，都应寻找那些能够每天积累、每天进步一点的小事。比如，每天坚持阅读，在不断积累的过程中，阅读理解能力会得到提升，不仅有助于在学业上取得更好的成绩，还能在面对工作时迅速抓住关键信息，做出准确判断。再如，每天练习书法，会提高书写能力，也能磨炼耐心与专注力。这种专注做事的本领能让人在面对复杂任务时，也能沉下心有条不紊地将其完成。通过日复一日、持之以恒地积累，最终必定能培养、提高孩子相应的能力，增强孩子的自信心，从而帮助孩子解决学业中遇到的难题。

/ 第三篇 /

走出厌学：重启学习动力源

探究孩子辍学与休学的诱因，正确处理各种关系

我们在前两篇内容里对于孩子断断续续休学的家庭提供了一些建议和方法。尽管这类家庭在整体中所占比重不大，但任何一个遭遇此种情况的家庭，无论是家长还是孩子，都会陷入痛苦与无力之中。因此，我们会有针对性地给出详细的陪护方案，力求为这类家庭提供最大限度的支持。

要助力一个孩子从休学状态回归校园，关键在于找准孩子不愿上学的原因。唯有精准定位，才能对症下药。

我们可以在孩子与学习的关系、与老师的关系、与同龄人的关系和与家庭的关系中找原因。

一、孩子与学习的关系

孩子在学习上遭受挫败，信心遭到严重打击，学习动力严重受损，

容易导致孩子选择休学或辍学。

1. 学习成绩不理想

这类孩子的学习成绩比较差,甚至从小学五六年级开始,他们的学习成绩就很少到中等以上。为什么我们把五六年级作为标准?因为从这个阶段开始,孩子学习的知识变难了,他的思维方式也要发生转变,即从形象思维转向抽象思维。孩子如果不能及时转变思维方式,理解问题的逻辑就容易出现偏差,进而影响学习。

2. 缺乏家长的鼓励

一部分家长在孩子的学习上,几乎没有鼓励过孩子,一直用错误的方法教育孩子。这种做法使得孩子不能得到来自家长的肯定,一直在遭受着"你不行""你不能""你做不到""你没有别人好"的挫败,所以,他们启动了逃避机制。

逃避机制是一种心理防御机制,旨在通过避免或逃离不愉快的情境来减少心理压力和痛苦。在面对压力和挑战时,人们往往会采用逃避的方式来保护自己。孩子在学习时总是听到家长的负面评价,就会启动逃避机制,主要表现有不听家长的话、不做作业等。而这些又会招致家长更多的抱怨和批评,形成恶性循环,导致孩子放弃学习或通过其他途径寻找自己的价值。

孩子面临学习成绩不佳这种状况,其承受的压力与痛苦程度,相比那些学习成绩优异的孩子而言,往往要高出许多倍。我时常会听到一些家长这样向我倾诉:"您瞧瞧我家那孩子,在学习方面天天都漫不经心的，只知道玩儿，压根儿就不着急自己的学习。"如果冷静且理性地去分析，就会发现事实并非家长们所想。大家真的需要站在孩子的立场去换位思考。孩子每天一大早就要往学校赶，身处一个几乎所有人都在努力奋进的环境，他每天都在这样的氛围中艰难求生，面对作业和考试，回到家还得应对家长。这难道不痛苦吗？别的孩子都能在认真听讲中领略知识的魅力，可他不仅听不懂，还得遵守学校的各项规章制度，老老实实地坐在那儿，什么都不能做，稍有不慎就会被发现，这滋味实在是不好受啊。

处于这种状况下，孩子的内心世界究竟是怎样的呢？在学校和班级里，这类学习不好的孩子常常容易被忽视，他们大多是在消磨时间，日子并不好过。但其实他们内心还是渴望学习的，只是由于跟不上学习进度，又迷茫于不知从何处着手，才会陷入如此困境。长此以往，孩子的学习意愿、积极心态及动力都会逐渐丧失，便容易走上"躺平"的道路。

3. 成绩较好但突然遭受挫折

有些孩子平时的学习成绩较好，但由于经历了一些事情，比如考试没有考好，或突然转学成绩不理想，他们可能会不想上学。这类孩子普遍自尊心比较强，抗挫折能力比较弱。还有些孩子小学成绩往往比较优秀，升入初中后，随着学科及学习难度的增加，他们可能无法及时跟上学习进度，很容易出现焦虑、抑郁的情绪，如果不能及时调整，他们就不愿意上学了。

这些孩子无法接受成绩下滑，无法接受自己从优秀到平凡，就会想尽一切办法进行短暂的逃避,主要是情绪的宣泄,表现为烦躁,向家长发泄负面情绪,和同学发生矛盾等。家长如果此时不理解孩子,没有有效疏导孩子的情绪,可能会引发亲子之间的冲突。

4. 把学习看得过重

这些孩子认为学习就是自己的全部,自我价值只能通过学习体现。他们一旦遭遇学习成绩下降,内心就会无法接受,于是选择了辍学或者休学。

家长可能认为这些孩子的内心过于脆弱。但实际上,他们在平时已经积累了很多压力,然而家长没有关注他们的内心,没有为他们疏导或减轻压力,他们只能把成绩当作衡量自己能不能被爱的唯一标准,他们只能接受学习好的自己,无法接受成绩下降的自己,也无法接受自己的失败。一旦成绩下降,这类孩子可能有以下几种认知:

第一种:"老师会怎样看待我?我现在变成这个样子,下面我应该怎么办?"第二种:"同学会怎样看待我?之前我的成绩还不错,一些同学还比较羡慕我,我现在成绩下降了,该怎么办?"第三种:"我回去怎么跟父母解释,怎么跟父母交代?"于是孩子陷入负面情绪中。如果此时没有得到正确的引导,他们就会自我怀疑、自我封闭,开启逃避机制,不愿意去上学了。

二、孩子与老师的关系

孩子与老师的关系不佳也是诱发孩子休学、辍学的主要原因之一。

家长不妨思考一下：你的孩子有没有特别喜欢的老师，或者有没有特别不喜欢的老师？这个看似简单的问题和认知、情绪、行为紧密相关，影响着他们的学习状态和心理发展。我们可以想象一下，这节课恰好是孩子喜欢的老师来上课，当老师走进教室的瞬间，孩子就会感到喜悦，是充满期待的。在这些积极情绪的影响下，孩子的注意力会高度集中，紧紧跟着老师的思路，像一块海绵般大量地吸收老师在这节课讲授的知识，听讲效果会特别好。

我们可以从认知层面分析这一场景。孩子如果很喜欢一位老师，那么这位老师说的话、教授的课程等内容，孩子都能够理解，并且坚信这位老师可以帮助自己，也相信自己在老师心中有着良好的形象。当孩子有了这种积极的认知之后，他的情绪就是喜悦的、充满期待的。带着这种情绪听课，孩子自然而然会跟着主动思考问题，记忆知识，能够较为容易地融入课堂，获得良好的学习效果。这就是认知、情绪、行为三者之间的正向联动。

反之，孩子如果不喜欢这位老师，就会认为他是严厉的，在他的课堂上就会觉得不自在，就会变得紧张、烦躁、焦虑，甚至想要逃离课堂。孩子带着这种情绪学习，自然无法获得良好的学习效果。各位家长要明白，学习方式包括主动学习和被动学习。主动学习是以个体主观意志力为前提的，是个人愿意、主动吸收这些知识的过程。

在负面情绪的影响下，孩子的思维往往会陷入两种困境。

第一，思考问题的速度逐渐变慢，思考能力变弱。在这种情况下，孩子对于问题的理解及思考的能力变得极为薄弱，无论是理解问题的内涵、把握问题的关键，还是进一步深入思考寻求答案等方面，都表现得力不从心，难以像正常状态下那样迅速且有效地开展思维活动。

第二，形成单向思维，即别人说什么对其而言并不重要，重要的是自己想说什么。简单来讲，就是孩子在思考问题时，往往只从自己的角度出发，缺乏对他人观点及多种可能性的考量，思维呈现出较为单一的走向。单向思维类似一个筛选器，所有积极向上的内容都会被屏蔽掉，然而那些消极的、带有灾难化倾向的思维，却会很自然地被捕捉到。也就是说，拥有单向思维的孩子，遇事总会习惯性地往坏处去想。

思维是会影响行为的。孩子一旦陷入单向思维，他们的行为也会随之发生变化。在这种情况下，孩子会感觉课堂无比无聊，认为自己不适合学习这个学科，甚至觉得自己根本就不是学习这块料，彻底否定自己的学习能力。总之，他们脑海里浮现的所有念头都是杂乱无章的，和正在上的这堂课没有一点关系，与学习也毫不相干，于是很自然地就会在课堂上走神、溜号。回过神后，他们往往会产生这样的认知：哎呀，这下可糟了，我的注意力完全没集中，刚刚又走神了，好多课程内容都没听到。这么一来，作业可怎么写，以后考试又该怎么办？随着时间的推移，这种情况不断恶化，孩子的成绩就逐渐下滑了。

长期在负面情绪和单向思维的干扰下，孩子很容易产生逃避的心理和行为。如果家长不理解孩子为何会逃避，孩子的焦虑值就会越来越高，整体状态也会越来越差，最终可能无奈选择休学。

需要注意的是，青春期的孩子更容易在情绪、认知和思维上出现问题，进而影响师生关系。处在这一时期的孩子有一个非常普遍的特征：他们开始对人、事、物有了自己的认知和想法。这些认知会和他面对社会之后的认知产生矛盾,可能会引发负面情绪,导致孩子做出一些不恰当或不理性的行为,又会引发孩子新一轮的负面认知和情绪。再加上青春期的孩子极度爱面子,自尊心也变得很强,有时老师无意间说过的一句话都可能成为孩子休学、辍学的诱因。青春期孩子的认知与激动情绪相互胶着、难以调和时,可能导致休学。

三、孩子与同龄人的关系

孩子在学校每天有大量时间和同龄人接触,如果处理不好和同龄人之间的关系,也有可能导致孩子休学。

一般情况下,大部分休学或辍学的孩子处在青春期。为什么这个年龄段的孩子容易出现这一问题?

主要原因在于,青春期是孩子的第二次自我主观意识塑造阶段。此时,他们的主观意识、自我意识日益强烈,世界观、人生观、价值观开始逐渐成形;他们更加看重与朋友、同学的关系,渴望得到团体成员的认可;对异性产生好感,甚至面临情感的处理。

1. 孩子与异性的关系

一般来说,青春期孩子在面对情感问题时,会感到很迷茫,却不敢向家长倾诉。而青春期孩子的心智并不完全成熟,看待事物也不够全面,他们可能会将精力过多地放在感情上,把心思都花在对方身上。如果感情受挫,他们会变得沮丧,会特别在意别人的看法。

孩子的生活圈子很小,他们没有办法远离他们生活的空间。如果感情受挫，孩子会面临来自几方面的压力。

一是舆论压力。孩子可能成为同学们议论的对象，可能面临同学孤立、谣言中伤等伤害，这会影响他的自尊、自信及自我价值。二是内在压力。此时孩子认为自己不被别人尊重或者丢了面子，甚至会对自己产生怀疑：自己是不是很差、很不堪，是不是没有优点才不被别人喜欢。三是情感压力。孩子容易增加对对方的关注度，或者做一些能够引起对方注意的事情。

上述压力都会导致孩子郁郁寡欢、失眠、注意力不集中，成绩下滑，此时孩子又不敢和家长沟通，久而久之就会产生逃离学校的想法。如果家长此时发现孩子的变化，和孩子及时沟通，帮助他们打开心结，就会慢慢地平息这场青春期的心理波动；如果家长无法理解孩子，不能和孩子有效沟通，甚至给予错误引导或者打压，就会让孩子的情况雪上加霜。

家长应该在孩子即将步入青春期时，引导他们正确认识情感、认识青春期特点，避免因情感问题陷入恶性循环。

2. 与普通同学之间的关系

孩子无法处理好和同学的关系也会引发焦虑，甚至导致休学。

孩子每天和同学的相处时间多于和家人相处的时间，一旦和同学的关系比较紧张，会在很大程度上影响孩子的情绪和在校状态。

有的家长不理解孩子的这种状态，反而横加责备。这种沟通不仅无效，还会对孩子造成二次伤害。比如，孩子放学回家跟家长讲述他今天和同学因为一些小事情发生了争吵。家长可能认为孩子之间的争吵再正常不过了，只是简单地宽慰了孩子几句，或者认为孩子小题大做，批评他对同学不友好。然而，家长完全不知道孩子究竟经历了什么，内心有多挣扎、多痛苦。孩子的认知尚未成形，人生阅历不足，缺乏处理人际关系的经验，当他跟别人产生冲突时，他不知道该如何处理，会因此而焦虑，才会向家长倾诉。如果家长无法给予他支持，他就会感到茫然和恐惧，既害怕学习成绩下降，也害怕家长不理解，还害怕和同学再产生其他冲突。孩子的承受力是有限的，一旦他无法承受，就会启动自我保护机制，以逃避上学的方式避免在学校受到来自他人的压力或排挤。

面对这种情况，家长要正确疏导孩子的情绪，要让孩子知道人际关系的一些原则，比如，遇到矛盾时怎样处理；哪些矛盾是必须重视的原则性问题，哪些矛盾无须在意，哪些矛盾需要向老师、家长及时反馈。家长要耐心归纳总结这些内容，并教给孩子处理矛盾的方法，让他具备思辨能力、沟通能力和处理问题的能力，从而帮助他树立信心，正确处理和同学的关系。

3. 校园霸凌

如果孩子在学校遭受了校园霸凌，家长一定要维护孩子并妥善处理。孩子受到的身体伤害能够痊愈，在心理留下的伤痕却是难以抚平的。这种伤害不会随着时间的推移而淡化，甚至可能当他在未来的生活中遇到类似情况时，影响他的判断和情绪，甚至导致他形成讨好型人格，或者变成施暴者。

四、孩子与家庭的关系

幸福的童年可以疗愈一生，但是不幸的童年可能需要一生去疗愈。这说明家庭环境对孩子的性格养成起到了重要作用。不同家庭类型和教养方式影响着孩子的发展。

> 我曾经在一个训练营里关注过两个孩子。一个孩子来自完美型家庭，他的父母具有高学历，对他要求高、规矩多。另一个孩子来自溺爱型家庭，几乎所有事情都由父母一手包办。这两个孩子住在同一间房间里，某一天发生了争吵，原因是来自溺爱型家庭的孩子脱下脏衣服后随手扔在地上，不去整理，更不去清洗，来自完美型家庭的孩子看不惯这种行为。
>
> 在和双方家长交流之后，我发现两个孩子在学校都存在人际关系问题。来自完美型家庭的孩子总是瞧不起别人，缺乏包容心，在学校容易和老师、同学产生冲突，不得不暂时休学。来自溺爱型家庭的孩子由于在家时由父母包办一切，在学校遇到困难难以应对，被同学瞧不起，因此产生了厌学情绪，三天两头地让家长请假，以此暂时逃避学校。

孩子所有的关系问题都和家庭关系息息相关。在家庭因素中，父亲的角色代表着力量和安全。如果父亲陪伴缺失或者不会教育，孩子在面对冲突时可能会下意识地产生逃避的想法，在集体活动中胆小，容易迁就别人，很会察言观色，甚至把大量时间用于揣测别人的想法，没有自我边界感，能量低。如果母亲的角色出现问题或有缺失，孩子会较为缺乏安全感，还会比较渴望依恋关系。如果父亲脾气暴躁且母亲陪伴无效或贬损孩子，或者让孩子感觉到自己没有价值，孩子有很大概率会变得性格暴躁，影响身心健康，影响学习，早恋的概率也会增加。

遭受校园霸凌的孩子很多来自专制型或暴力型家庭，他们在家庭中感受到的不是关爱，而是冷漠甚至惩罚。他们多半性格懦弱，习惯服从，能量低，逆来顺受，但是也容易记仇。

此外，父母过分关注成绩，容易忽略孩子的情感教养和性格形成，会使孩子形成单一的价值观——以追求成绩为主。他们认为成绩就是自我价值的体现，成绩好时自己就会很傲慢，成绩不好时会瞧不起自己，在遇到挫折时容易萎靡不振。

再有，夫妻关系不睦，会导致孩子处在一个长期暴躁、愤怒、焦虑、冷漠的家庭环境当中，孩子的能量就会变低，他在学校和老师、同学发生冲突的概率也会增大。

父母经常在孩子面前吵架，孩子看到了父母之间的不开心、不幸福，再加上有的家长性格暴躁，诸多原因综合起来，给孩子造成了负面影响，致使孩子身上出现各种问题。

各位家长，当你们疑惑为什么孩子在青春期脾气暴躁、情绪失控时，需要明白，这几乎都是孩子长期受负面情绪影响造成的。到了青春期，这些负面情绪会通过他们的行为表现出来。某个突发事件，不过是点燃或引爆这些负面情绪的导火索，进而成为孩子休学或辍学的诱因。

要想避免孩子休学、辍学，家长就要学会用正确的方式与孩子沟通。

应对孩子辍学、休学，家长必须知道的关键点

我们分析了孩子出现休学或辍学的几种原因。其实，这些原因归根结底都围绕着一个核心问题——关系问题。无论是师生关系，还是与同学之间的关系、与自我的关系、与学习的关系，最终都能追溯到家庭环境及与家长的关系层面。如果家长能够明白这一点，内心便能安稳许多，因为解药就在家长的手里，家长也就没有必要再去到处求医问药，而是可以静下心来改变自我和成长，重新审视和调整各种关系，用正确的方式养育、陪伴孩子。尽管这一过程存在一定的难度和挑战，但是只要掌握主导权，大部分的问题都会得以解决。

在这一过程中，请大家注意几个问题，以免事倍功半。

一、要让孩子感受到家长的改变

有不少训练营自称可以帮助孩子戒掉网瘾，这让孩子手机成瘾、

游戏成瘾的家长非常心动，他们想把孩子送到这样的训练营，或者想找到某位老师，期待他能传授一些立竿见影的方法解决孩子的问题。只要能解决问题，无论投入多少金钱或精力都在所不惜。然而事实并非如此，家长要想让孩子重燃对学习的信心，踏上复学之路，并非仅仅依靠做对几件事就能达成，关键在于与孩子交流相处时，要让孩子感受到家长在为孩子的成长不断努力。

请各位家长注意，这里说的是要让孩子切实感受到你的改变和成长，而不是你自认为改变了。一些家长感到很困惑：自己学习了很多方法，也尝试了很多方法，为什么孩子没有一丝改变？这种情况说明，家长想让孩子复学，仅仅有方法还不够，还需要能力和能量。但凡涉及能力都离不开学习，以及持续不断的练习。

家长需要形成并提升多种能力。例如，具备控制自己情绪的能力，不让负面情绪肆意扩大而影响他人；具备和孩子沟通的能力，懂得用恰当的言语和孩子沟通；具备陪伴孩子的能力，要全身心地投入孩子的世界当中，而不是简单地与孩子共处一室；具备理解孩子的能力，要站在孩子的角度看待问题，体会他们在学习、人际交往过程中的感受与困惑，明白他们的需求与渴望。同时，还要理解孩子的成长规律——孩子的成长是一个循序渐进的过程，而非一朝一夕就能完成。

家长要有正确的思维方式，在面对孩子的问题时，能够理性分析，不盲目跟风或陷入焦虑。要拥有积极的、具有感染力的情绪，能在与孩子交流互动中传递给孩子，让他感受到乐观与阳光。在与孩子相处的各种场景中，运用正确的方法。比如，赞美孩子以增强他的自信心与积极性，理解孩子的错误与不足并给予正确引导，发现孩子的优点与进步并加以鼓励巩固，批评孩子时既指出问题又不伤害他的自尊心，理解孩子的感受并让他感受到被尊重与被关爱。这些都需要家长逐步地学习、改变与提升。

除了拥有能力、掌握规律之外，家长还应具有能量。例如，孩子由于厌学、辍学在家，很多家长就认为天塌了，陷入空前的焦虑，并且指责孩子和家人。然而，家长的焦虑并不能转化为孩子的动力。大部分孩子认为父母是强大的，如果父母对孩子厌学、辍学的情况产生焦虑，对孩子的未来也会很焦虑，那么孩子也会认为自己的未来真的看不到希望了。

家长自己每天都深陷负面情绪之中，无法提供正面的、积极的能量，又怎么能让孩子变得积极乐观呢？家长一定要知道自己的身份——我们是能帮孩子撑起一片天的人，是在孩子伤痕累累之后给予他爱、温暖、呵护的港湾。家长如果不具备这些能量，那么任何方法对你来说都是无用的。所以，家庭教育并非一种方法，而是一种能量和能力的巧妙结合。

二、注意亲子关系的快速降温

其实，有时候家长和孩子的关系并没有那么僵，绝大部分情况是在孩子厌学、辍学之后，亲子关系才急剧恶化的。为什么会有这种变化？因为家长无法接受孩子厌学、辍学的现实，便会采用各种各样的方式对待孩子，却没有顾及孩子的感受。比如，家长自己劝说孩子没有效果，就找孩子的同学、老师，或者亲戚朋友来劝。但是，家长没有想过，那么多人来劝孩子，会给孩子带来怎样的心理压力，会不会让孩子更加否定自己。家长请这些说客劝解孩子的行为，实质上是对孩子不上学的一种否定、一种打压。此时的说教和劝解是无用的。

有的家长发现向外求助没有效果，就会用另一种办法。比如，告诉孩子："我们家不养闲人，你要是不上学的话，就出去找个工作。"大家可以想一想，一个连学业都没有办法继续完成的孩子，又能有什么能力面对社会？孩子尚未成年，也无法打工。孩子原本只是认为自己无法胜任学习，最后却发现自己也无法适应社会的要求。家长有的时候说的一句气话，更加刺激了孩子，反而加重了孩子的负面情绪。

家长要明白一点，在孩子厌学、休学、辍学之前，你们与孩子的关系就已经出现问题了。如果此时家长再不断地逼迫，亲子关系甚至可能会彻底崩溃。很多家庭教育出现问题，其本质就是亲子关系出了问题。

想要缓和亲子关系，首先，家长要学会倾听，给予孩子充分表达想法与感受的机会，不打断、不评判。其次，尝试站在孩子的立场看待问题，理解他们的压力与困惑，给予情感上的支持而非一味指责。此外，还可以多组织一些家庭活动，像户外野餐、看电影等，在轻松的氛围中增进彼此的了解与信任，逐步修复亲子关系。

三、需要洞察孩子内心的真实动机

孩子是想上学的，只不过在当下阶段他们遭遇了各类问题、麻烦和阻碍，从而产生逃避的心理。此时或许会有家长提出疑问："怎么可能呢？我家的孩子就是不想上学。"然而这只是家长的想法，我们必须洞察孩子内心最真实的动机。孩子在内心深处，依然有积极上进的想法，有对上学的向往及内在动力，这是不容置疑的。毕竟，没有孩子会心甘情愿地脱离自己所处的群体环境。

同龄人都在按部就班地上学读书，他却脱离了原本的轨道，不去上学。只要有人能够真正地走进他的内心探询："孩子，你想上学吗？"他大概率会表示自己想上学。尤其是青春期的孩子，更加渴望回到学校，渴望与同龄人交流，以及获得他人的认可。

看到同龄人都在学校接受教育，孩子内心也是渴望上学的；看到同龄人都在为了取得好成绩而努力学习，孩子也希望自己能取得优异的学习成绩。然而，为什么孩子会表现出不想上学的状态？原因在于，孩子遇到了巨大的阻力，将他原本想要上学的念头"弹"回来了，并让他产生了逃避的念头。

家长必须清楚，厌学、辍学的孩子往往要承受来自多方面的压力：家长的指责、同学的非议、老师的不解，以及亲朋好友的冷眼和议论。在如此大的压力之下，孩子产生了不想上学或放弃学业的想法，恰恰说明他遇到了巨大的阻力，他需要暂时休息，需要自我疗伤，需要放缓脚步。这时，家长应该放下焦虑，试着理解孩子，多一点耐心，并想办法让孩子具备责任感、自信心、力量感、能量和勇气，这样，孩子才有足够的能力克服阻力，才能顺利地重返校园。

四、不能忽略孩子的日常行为

有的孩子在家长眼中一直表现得很好,各方面也很优秀,却突然产生了不想上学的想法。之所以会出现这种不正常的现象,多半是因为家长平时对孩子的关注不够,缺乏敏感度,没有及时察觉到孩子的异常表现。

实际上,孩子或许早就表现出了一些异常的行为,家长对此本应引起高度重视,然而,家长可能因为工作忙,没有精力关注孩子,或者平时不注重相关知识的学习,缺乏必要的常识,也没有足够的应对经验,要么没有留意这些问题的存在,要么对这类问题重视度不够。很多家长认为,孩子出这些问题只是孩子的性格如此,或者是孩子身上的一些小毛病。实际上,家长如果能够将孩子平时的学习状况与这些看似不起眼的表现观察到位,再仔细想一想孩子平常的表现和行为,就会明白厌学、辍学并非一朝一夕形成的,而是多方面因素经过长时间积累形成的。所以在面对孩子出现此类问题时,家长必须仔细回顾自己的孩子有哪些异常的情况,这些情况到底持续了多长时间。这就要求家长要认真总结孩子以往的表现,对那些可能存在问题的行为进行归纳,以便更好地找出孩子厌学、辍学的原因。

五、帮助孩子重塑对学习、生活的信心

有厌学情绪的孩子,在生活的其他方面,无论是日常生活还是人际关系等,都会呈现出缺乏自信的状态。孩子之所以缺失自信心,根

源在于其在日常生活及成长经历中，并未获得足够多的契机去有效建立自信心。在成长的道路上，他们很少有能够让他们通过成功体验、积极反馈等方式来逐步树立自信的机会，进而导致在面对学习、生活及人际交往等不同场景时，都表现得不够自信，内心充满了自我怀疑与担忧。

自信心、自尊心与自我价值并非短期内可形成，需长时间逐步塑造，所以，大家不要轻信那些宣称能在7天、10天或特定时长内使孩子复学的训练营。我们要明白，孩子的问题并不是一两天形成的，而是长期积累、多种因素作用的结果。孩子即便通过外在刺激或心理疏导有了短期改变，但只要没有从根本上解决长期积累的深层次问题，短时间内他仍可能反复。

不少家长曾对我讲："老师，我家孩子这两天上学去了。"我问："怎么这么快就安排他上学啦？"家长回应道："我给他做了一个个案，让他……"我当即表示："这效果可能不会持久啊。"果不其然，没过几天，孩子又遇到一些问题，便再度不去上学了。

孩子内心存在的问题并未依据其自身实际状况得到切实有效的解决，因此孩子上学依旧缺乏动力，仍会出现反复不去上学的情况。而这种休学情况反复出现是极为可怕的。厌学、辍学这类问题远不像大家所想象的那般简单，也绝非能迅速解决的。

许多家长特别焦急，因为自己的孩子已经到了高三或初三关键阶段，却在此时选择休学或辍学。然而，这种焦急是无用的，在焦急的背后，是家长没有顾及孩子的痛苦，只考虑自己的感受。从表面上看，家长是为了孩子的前程着想，可是孩子当下的状态很差，甚至有的孩子已经陷入生病或抑郁的状态，此时最重要的就是让孩子慢慢地康复，给予他爱和能量，而不是急着转变他。家长要把孩子的健康、快乐放在第一位，如果孩子不健康，即使熬过了中学阶段，那么在以后的其他阶段，还会出现类似的问题，因为病因没有找到。所以，家长要先恢复孩子的社会功能，让孩子成为一个健康、快乐的人。

家长可以这样对孩子说："你要知道，一次考试的失利，一时处于低谷，并不代表人生的失败。每个人的成长道路都不是一帆风顺的，你有无限的潜力，也许现在还没有完全发挥出来，但只要你愿意，随时都能重新出发。爸爸妈妈看到了你的努力和付出，也相信你有足够的能力去克服眼前的困难。不管遇到什么，我们都会一直在你身边，陪你一起面对。"

家长要让孩子明白，过去的成绩并不能定义他们的未来，要保持积极的心态，努力去尝试，每一次的经历都是成长的宝贵财富。鼓励孩子从小事做起，每完成一件事，都能收获一份成就感，逐步积累信心。当孩子感受到来自家长的信任与支持时，他内心的力量也会慢慢被激发，从而有勇气去重新拥抱生活，迎接挑战。

孩子从休学到复学经历的八个阶段

一般来说，孩子从休学到复学一共会经历八个阶段，分别是：烦躁迷茫阶段、焦虑探索阶段、消极对抗阶段、失控对抗阶段、宣泄报复阶段、信念松动阶段、成长探索阶段、复学恢复阶段。

各位家长一定要认真对照自己孩子的现有状态，明确他们现在处在哪一个阶段，这一步至关重要，因为只有精准把握孩子所处阶段，才能采取有效的措施帮助孩子复学。

一、烦躁迷茫阶段

在这一阶段，孩子通常会有如下表现：

不时有不想去上学的想法；深陷情绪的困扰，全然不知自身究竟出了哪种状况，也不知道如何做；渴望和老师、同学和谐相处；想学好知识，在课堂上却无法集中注意力，难以有效吸收知识；有认真完成作业的念头，想补齐之前未能完成的作业，可当真正动笔时，却极度难受，难以集中注意力，甚至连自己之前掌握的知识都忘得一干二净，于是出现一道题不会做，再做下一道题依旧不会的状况。

想必孩子这时已经心乱如麻，根本没有办法继续坚持，稍作尝试便会放弃。于是，他开始怀疑自己：我怎么会变成现在这副样子，难道我真的不具备学习的能力？随之而来的便是诸多担忧，比如，担忧自己的未来、自己和同学的关系、老师对自己的评价……在种种担忧的影响下，孩子便会将他能想到的负面信息和画面全部汇集在自己的脑海中，不停地在脑海中播放，以致整日都在思索这些事情，深受困扰。

他会向朋友或同学倾诉，讲讲自己遭遇的困惑和问题。但是，每一次主动和朋友、同学交流时，他都觉得越倾诉越迷茫。如此一来，他更是整日如坐针毡，在学校度日如年，觉得每天都是烦心琐碎之事，想要学习却无法投入。他也深知长此以往学业肯定受干扰甚至荒废，为此苦恼不已。

除了上述情况，家长也不妨回忆一下孩子是否有过这样一段时期：他整日极为努力，甚至不惜熬夜苦读，然而学习效率极为低下；他总是紧闭房门，让人察觉他的异样；家长尝试和他沟通，他却敷衍应对，声称一切正常。

渐渐地，孩子对学习不再那么专注了，投入的精力也大不如前。其实，这些表现是孩子在向家长发出求救信号。如果家长在这个时候没有妥善处理，那么孩子的状态便会恶化，进入第二阶段。

二、焦虑探索阶段

在这一阶段，孩子能察觉到自己的状态欠佳，与平时不同。这时他或许会主动向家长提出一些请求，比如转学、转换班级、请假或补课等。此时家长可能并不清楚孩子究竟遭遇了何事，往往会拒绝或给出一个敷衍的回答。请家长们思考一下，孩子为什么想要离开学校？因为他自己意识到人际关系、学习压力等因素都在影响他的学习，或者他自己感觉学校的压力让他喘不过气，所以他想离开那个环境。他认为，换一个环境就能够控制好自己的心态，比如新环境可能有老师对他进行一对一辅导，帮助他追上学习进度。

不过，孩子有可能得不到家长的支持，毕竟家长并没有觉察到真实情况，以为孩子在瞎折腾，认为孩子的学习方案、学习能力、学习心态、学习方法都不正确，所以千方百计地在这些方面寻找答案。然而，此时孩子需要的是周围环境的支持和家长的理解。如果此时家长没有察觉并妥善处理，孩子就会进入第三阶段——消极对抗阶段。

三、消极对抗阶段

处在这一阶段的孩子认为自己待在班级里痛苦不堪，负面、消极的想法已经占据了他的内心，负面情绪甚至将他完全控制，他很难在学校静下心来，再坚持下去也不会有较好的效果，因此他会找各种理由和借口请假，暂时逃离学校。孩子也可能主动向家长求助，想要请假回家。

很多家长此时会产生怀疑：我的孩子到底怎么了？是叛逆了，还是遇到什么困难了？实际上，当家长明显察觉到孩子内心出现这些问题的时候，就意味着孩子已经受了长时间的煎熬，也说明孩子已经不只是不喜欢上学，而是发展到很严重的厌学状态了，即重度厌学的初期。如果孩子正处于这个阶段，家长首先要接纳、接受这样的事实。

其次，家长要做好养育工作。养就是给予孩子关爱，让他吃饱穿暖，同时为他提供一个空间用来调整和休息。育是在心灵层面给予支撑，为他创造一个能够成长和疗伤的环境。家长必须先调整自己的心态，再给足孩子接纳和安慰。如此一来，亲子关系就会从相互对抗转变为共同经历，就会避免孩子与家长产生进一步的冲突。这一点至关重要，因为一旦孩子与家长处于对抗状态，家长讲何种道理、采取任何方法都不会有明显的效果。

再次，夫妻之间不要互相埋怨、彼此指责。面对处在这一阶段的孩子，夫妻应一起面对孩子所遭遇的难题，携手助力孩子成长。

家长要牢记，孩子越是消极对抗，自己越要稳定自己的情绪，努力提升整体能量。要勇敢接纳事实，真心接纳孩子的状况，给予他足够的包容。与此同时，家庭氛围要和谐，千万不要闹得鸡飞狗跳、不可开交。因为此时孩子已经陷入焦虑之中，如果家长还在相互吵闹、相互指责，孩子就会觉得家长对他毫不关心，甚至会错误地认为家里的不和谐都是他导致的，从而更加否定自己。所以，越是在孩子出现这类问题时，夫妻越要同心，用共同的教育理念帮孩子渡过难关。

家长要控制自己的情绪，不要让家庭被低能量的氛围笼罩，要把家变成爱的港湾，变成他疗伤的地方，让他按照自己的节奏，舒缓一段时间，那么他就会转变得非常快。家长能体恤孩子、理解孩子，帮助他走出来，孩子自然就会有勇气迎难而上。家长可以试着这样说："爸爸妈妈知道你最近很痛苦、很纠结，虽然我们暂时不能给你更好的办法，但我们会陪着你。"在此关键时刻，给予孩子充分自由的空间才是最为妥当的做法。表面上家长似乎并未有什么特别的举动，但实际上，只要秉持这种包容接纳的态度与平和稳定的状态，便能使孩子真切地体会到自己是被认可的，从而缓解心理压力。

我十分理解各位家长的心情，毕竟在这种情形下，所有家长都会忧心忡忡，害怕一旦对孩子如此放松，孩子就会得过且过，顺势放弃努力，再也不愿意回学校了。然而，这种顾虑往往是多余的，因为真正的接纳与支持，往往能够激发孩子内心深处的责任感与自主性，促使他们更加积极地面对自身的处境，努力寻求突破。

倘若在此时与孩子形成对抗局面，强行要求他去做某些事情，那么最终他必然会选择逃避，毫无疑问会在这场较量中败下阵来。这是因为他根本无力应对情绪干扰、环境压力及各种条件施加的不利影响，也无法有效地进行自我控制。

四、失控对抗阶段

到了失控对抗阶段，孩子基本上对家长丧失信任，这是极为严峻的情况。在此阶段，不管家长用什么样的措施，孩子都不会听，要么我行我素，要么选择彻底封闭自己，不愿意理会任何人。孩子可能把自己完全关在自己的房间之中，不分昼夜地打游戏，作息时间完全颠倒；甚至连饭都不吃，也不愿见任何人。家长心里肯定焦急万分，有可能着急地敲孩子的房门，期待孩子能走出房间，也有可能在好话说尽之后，不惜采用暴力威胁的手段。但不管何种情况，孩子对家长都没有任何回应。他如果饿极了，会趁家中安静时悄悄出来找一些食物，然后继续把自己锁在屋内。

处在这一阶段的孩子也不注意外表，不换衣服、不洗澡、不剪头发、不剪指甲。整个人呈现一种极度颓废的状态，眼神无光，无精打采，丝毫没有精气神。家长看在眼里，既心疼又难过。

在孩子产生情绪波动或与家长发生冲突时，家长千万不要陷入恐慌，更不能说出过激的言语。要知道，孩子情绪爆发并非全然是坏事，积累的情绪总要得到宣泄，要么向内自我攻击，要么向外激烈释放。若孩子选择向内攻击，就极有可能出现抑郁、自伤乃至自杀等一系列严重后果。相较而言，当孩子选择向外攻击时，或许情况还稍好一些，尽管他可能会脾气暴躁，稍有不如意就对家长恶语相向，但这至少意味着他没有伤害自己。

家长要充当孩子情绪的收纳站。在这个阶段，孩子的行为出现了偏差，家长的任务就是用温和的方式将他拉回正常的轨道。越是急切地想把孩子拉回来，结果越容易适得其反——家长越努力，孩子就越抗拒，进而可能引发情绪对抗升级，甚至导致失控局面，极端情况下还会出现孩子以命相搏的悲剧。家长在言语上的步步紧逼，很容易使处在情绪崩溃边缘的孩子彻底失控。

家长一定要学会包容孩子，避免与孩子针锋相对或争吵不休。孩子发脾气时，只需默默接受，不要试图与其争辩是非对错，而在这种情况下与孩子辩论，原本也是毫无意义的。家长不妨等孩子的情绪稍微缓和一些，等到亲子之间还能进行有效沟通时，带着孩子去外面走走谈谈心。

五、宣泄报复阶段

在宣泄报复阶段，孩子的行为会更加夸张、过分甚至肆无忌惮，仿佛在报复家长。一些孩子不仅会在精神上控制、威胁家长，还会在物质上不断地对家长进行索取和威胁，一步一步地挑战家长的底线。

许多家长在这一阶段时情绪会非常崩溃，可能会心生恼怒、愤懑与绝望，甚至产生放弃孩子的念头。其实，这一阶段是极为关键的转折点，在这一阶段，虽然难以对局面进行控制和调整，家长也要竭尽全力保证孩子不做出伤害别人、攻击别人和伤害自己的行为。家长要保持冷静，理解孩子的行为是内心痛苦的表达，要持续给予孩子关爱的关注，不要被孩子的行为激怒甚至放弃孩子。

六、信念松动阶段

在信念松动阶段，孩子会逐渐好转。孩子此前积压的所有仇恨和情绪已经宣泄了出来。在经历了情绪的释放后，情绪得到了较大的平复，状态也恢复了不少。在这一阶段，家长始终保持着接纳和包容的态度，给予孩子满满的爱。孩子深切感受到了家长的爱，逐渐会对他们的态度有所改观，关系也会变得亲近。在这种充满爱的家庭氛围中，孩子的内心逐渐获得温暖与力量，心理状态越发积极，也就自然而然地变好了。

到了这个阶段，家长只需要拿出足够的耐心陪伴他即可，孩子可能经常向家长倾诉，自己感到无聊，并且总是想尽办法待在家长身边。只要家长能够妥善处理亲子关系，保证和孩子沟通顺畅，孩子就很有可能萌生出自己独特的想法，而这些想法将伴随亲子关系的持续改善而不断发展，要么去学习一些新技能，为孩子开辟出一条新道路，要么助力孩子达到复学的条件，重新燃起对未来的希望之火。尽管这种希望在当前阶段还不够稳固，会有所动摇。

比如，孩子有了复学的想法，但是他可能有几个月或者一年的时间都未曾踏进校园、没有翻开书本了，也没有拿起过笔，难免会怀疑自己还能否适应校园生活，是否具备相应的学习能力，这种自我怀疑容易引发恐惧，甚至引发失眠等问题。此时，家长如果能正确引导，就会发现孩子昼夜颠倒的时间会慢慢缩短，玩游戏或在外逗留不愿回家的时间也会减少，直至恢复正常。在此期间，家长要格外注意，不可操之过急，千万不要对孩子说"你想明白了没有，想明白了就抓紧时间去上学"之类的话，一旦这样做，孩子就会对家长之前的关心与呵护产生怀疑，认为这是有条件的，可能退回之前的状态。

在孩子的闲暇时间里，家长要为他创造更多与人交往的机会，鼓励他多帮助他人，从而收获他人的夸赞与认可，感受温暖，体会被他人需要的感觉。比如，家长可以和孩子一起参加公益活动，带孩子外出旅游，让孩子尽情领略缤纷多彩的大千世界，拓宽他的视野，促进其身心的全面成长与发展，不再沉迷于自己的小天地。

总而言之，家长不要对孩子施加过多的要求。在这一阶段，孩子或许会主动提出重返学校的想法，然而家长一定要保持镇定，不可操之过急。家长理应支持孩子的这一决定，但也要理解孩子做该决定时面临的压力，家长给予孩子的应当是源源不断的力量，而不是沉重的压力。家长不妨这样告诉孩子："关于上学这件事，等你彻底想清楚了，做好充分准备了，咱们再行动。"如此，将有助于孩子开启复学之旅，平稳地迈向新的成长阶段。

七、成长探索阶段

孩子进入成长探索阶段，意味着他深知父母对自己的信任，明白家是温暖的港湾，内心充满勇气，就会自然而然地和父母交流、表达内心的真实想法，进行情感的沟通。比如，孩子会对父母说自己在班级里遇到的问题，或者自己在某些方面不知道如何处理，请父母给他一些建议。这一阶段的孩子会主动向父母求助，表达自己的诉求，这些表现基于孩子对父母的信任，而达成这一良好局面的前提是拥有健康的亲子关系。无论是妈妈与孩子，还是爸爸与孩子，关系都十分融洽，彼此信任。只有足够信任，孩子才会理解父母，才会认定父母是自己的坚实依靠，才愿意向父母敞开心扉。

进入成长探索阶段，孩子内心往往会有诸多反复的想法：是重新回到学校学习，还是继续留在家里？是选择这所学校，还是选择那所学校？是直接跟着原班级继续学习，还是先补齐之前落下的课程？

在这一阶段，孩子其实并没有完全做好复学准备，毕竟各类不同的事件仍有可能诱发其再次陷入第一阶段、第二阶段那般的烦恼和恐惧之中。以往的那些经历已经在他心里留下了诸多痕迹，一旦面临相似的场景，他很容易产生应激反应。在这一阶段，家长的核心任务是协助孩子逐一处理好他的情绪问题，引领他逐步正视那个曾经给他无尽痛苦、烦恼与纠结的环境，助力他在情绪与心理层面都做好积极的准备。此外，家长还需要为孩子精心制定一份复学前的详细规划，以弥补他之前落下的知识与课程。不要给孩子一些模棱两可、含混不清的说辞，而是要给他一些分散性、分解性的目标。比如，在一个月的时间里，明确规划出学习的具体内容、需要补齐的课程内容，或者确定针对某些重点知识需要学习的遍数或轮数，让他能够有一个清晰、循序渐进的学习计划。也就是说，家长要一边关注孩子的情绪，一边关注他的身体状况，稳步为孩子建立起复学的信心和决心。

八、复学恢复阶段

在这一阶段，孩子会感受到压力，可能会在校园门口徘徊，内心纠结到底要不要进入学校。这个恢复期极为关键，家长要尽可能地给予配合。向老师说明孩子的情况，能帮助孩子减轻负担。比如，家长可以这样和老师沟通："老师，我的孩子刚刚复学，还需要一些时间恢复和适应，希望老师多给孩子一些鼓励，在这一阶段暂时不要用对待其他孩子的标准来要求他。等到孩子战胜焦虑，完全适应上学时，再按照常规要求来对他。这段时间就麻烦老师了！"

如果孩子处在一个能够接纳他、帮他驱散过去阴影的环境里，他就会逐渐适应，重新融入群体当中，回归正常的学习状态。另外还需要强调一点，对于刚刚恢复上学的孩子，不要着急让他住校，要想方设法地保障孩子能够正常通勤，每天回家。这样做的目的在于，家长可以较为清晰地观察到孩子内心与外在的变化，及时察觉他出现的各类问题并给予解决。

总之，在恢复包括人际关系、师生关系、同学关系、学业关系在内的等一系列关系的过程中，孩子需要逐步适应。这一过程如同爬山，需要一步一步地向上攀登，只要能一点一点地取得进步即可。孩子在此阶段难免会产生焦虑，也会有所担忧，甚至会心怀恐惧，家长要告诉孩子进步快慢并不重要，重要的是能看到自己的点滴变化。本书的前两篇内容有一些如何察觉孩子的细微变化，以及鼓励措施、表扬方法，此时家长就可以应用。

纵观这八个阶段，家长会发现在整个过程中最为关键的因素不是孩子，而是家长的成长与醒悟。家长醒悟得越早，孩子恢复的速度就会越快。实际上，这一过程也是家长自我磨砺、提升素养的契机。所谓"山重水复疑无路，柳暗花明又一村"，顺利跨越这些阶段，我们收获的将是一个焕然一新的家庭，以及一个更加快乐、幸福、充满价值感与内在力量的孩子。

从忽视到赋能，家长的七个成长阶段

面对辍学和休学，孩子必然要经历一段痛苦的过程，才能破茧成蝶，蜕变重生。家长在面对和解决孩子的这些问题时，同样会经历一个自我成长和重生的过程。这一过程大致分为七个阶段，其间，家长自身的成长速度对孩子走出困境的速度有着决定性的作用。

家长可以参照自己的情况，看看自己正处于哪一个阶段，然后做出相应的调整。经过调整，我相信各位家长对目标的认知会越发清晰，跨越阶段的速度也会随之加快。如此一来，我们就能少走一些弯路，避免频繁地陷入困境。

家长大致经历的七个阶段分别是：忽视问题阶段、焦虑无解阶段、认清现状阶段、被迫接受阶段、力量发挥阶段、家庭关系重塑阶段、家庭赋能成长阶段。

伴随这七个阶段，家庭势必要踏上一场意义非凡的变革之旅，而这场变革之旅的目的地便是幸福。

一、忽视问题阶段

这一过程的起始阶段叫作忽视问题阶段。通常在孩子的问题初现端倪时，家长其实是难以察觉问题的严重性的。比如说孩子在烦躁迷茫阶段和焦虑探索阶段，家长发现孩子难以安心学习，总是找各种理由让家长帮忙请假，成绩也逐渐下滑；发现孩子的情绪有些波动，时常闹些小脾气；发现孩子似乎心事重重，眼神飘忽不定，玩手机的频率显著增加，睡眠质量也大不如前，早晨起床困难，偶尔也会把自己关在房间里……此时，家长虽说已经发现些许异常的迹象，由于缺乏相关经验，并不知晓可能引发的后果，因而未能引起足够的重视。

有时候孩子可能会主动告诉家长，他最近情绪不太稳定，或者存在失眠的状况，然而这并没有引起家长足够的重视，部分家长也以工作忙碌为借口对此不以为意。于是，家长还是采用以往的方式和孩子交流，比如不能理解孩子，无法和孩子感同身受，仍将孩子的异常行为归结于他自身的问题，对其说教甚至责骂。长此以往，孩子便进入消极对抗阶段，出现躺平、不愿上学等现象。

二、焦虑无解阶段

家长看到孩子出现的这些情况，意识到了问题的严重性，就此进入第二阶段——焦虑无解阶段。此阶段的家长通常极为焦虑，想方设法地解决孩子的问题。至于孩子为什么突然成了这个样子，说不上学就不上学了，家长却一头雾水。

为了能让孩子重回校园读书，家长可谓费尽心思，找人规劝、说教、摆事实讲道理，甚至不惜采用威逼利诱之法，除了这些办法之外，他们还给孩子报各种各样的补习班、训练营，寻访各类专家，为孩子做个案辅导。然而以上种种做法不但无法解决孩子的问题，还会引发一些家庭矛盾，严重的还会导致较大的家庭内部纷争。如此一来，孩子就会更烦恼、焦虑和痛苦，索性将自己关在房间里，闭门不出。

三、认清现状阶段

当家长认清现状，明白自己面对的是一个拒绝交流、自我封闭、无所事事却满心焦虑的孩子时，家长的态度也从强硬逐渐转变为接纳，进而开始反思。许多家长正是在此时开始了解、学习家庭教育的理念和方法，思考自己究竟该如何正确教育孩子，怎样才能获取正确的方法与知识。随着对相关知识的逐步了解，家长意识到之前的方法是错误的，开始反思自己是否真正尽到了教育孩子的责任，是否对孩子的心理发展产生了不良影响，于是开始探寻孩子不愿意上学的原因。

随着学习的逐步深入，家长对孩子的成长过程和心理变化有了更多的了解，而这一过程无疑充满了痛苦和内疚——因为孩子的状况是自己造成的而心生内疚。但需要明确说明的是，这种内疚不仅对孩子没有帮助，还会让家长在教育的过程中对孩子产生补偿心理，让家长越发无力。

这一过程虽然让家长感到痛苦，但其实也是一件好事，因为家长开始理解孩子当下的状态，逐步地走进孩子的世界，亲子关系也随之逐步改善，彼此间的隔阂渐渐消融，孩子得以拥有充满爱的港湾，拥有真正爱他的父母。

家长必须明确，内心的动机是这一阶段的关键。很多家长在此阶段的学习其实是企图找到各种方法控制孩子。这种动机带来的后果是，无论你学习了多少内容，投入了多少成本，都将毫无效果，反而让亲子关系越发疏离。家长学习的目的是让自己得以成长，通过自己的改变，提升能量，进而让孩子有所感知并从中受益。走到这一步，亲子教育才会得以推进，亲子关系才会有所改善。

也有一些处在这一阶段的家长，依然难以接受孩子，无法做到真正的感同身受，家长有时试图通过一个人、一套方法或者一个机构帮助自己解决孩子不愿意上学的难题。我要提醒这样的家长，孩子遭受了挫折、创伤和危机，急需一个爱的港湾，渴望得到关心与安慰，更需要信任、理解、感同身受及无条件的爱。家长一定要意识到孩子内心的伤痛和无助，不要自顾自地陷入焦虑。否则，孩子和家长就会处在两个截然不同的世界，目标、视野、境界都不相同。这诸多的差异，让彼此之间无法相互理解与正常沟通，亲子之间的门就彻底锁上了。如果抱着错误的动机去学习处理孩子相关问题的方法，那么家长很快就会陷入被迫接受的困境。

如果家长与孩子之间能够构建起良好的沟通模式，拥有和谐融洽的亲子关系，那么不仅孩子能够顺利地从当前的困境阶段跨越到成长探索阶段，家长也无须经历令人头疼的被迫接受阶段。

四、被迫接受阶段

并非所有家长都会经历这个阶段。如果在上一阶段"认清现状阶段"家长能够敏锐察觉并积极调整，采取恰当的相处与关爱方式，给予孩子充分的理解、支持与引导，那么就有可能直接跨越这个阶段，顺利进入"力量发挥阶段"。

众多家长和孩子之所以会完整地经历各个阶段，根源在于家庭内部长期采用错误的相处与关爱方式。当进入被迫接受阶段时，事情才逐渐开始发生转变，不过在这一阶段，孩子可能会变本加厉地折腾家长，因为他们处在失控对抗阶段和宣泄报复阶段，将内心对家长的怨恨以更激烈的方式展现出来。此时的家长对孩子既心疼又生气，却又束手无策，只能默默忍受，也就是被迫接受。

家长从最初对孩子问题的忽视，到陷入焦虑、深感无解，直至被迫接受，心态经历了巨大转变，目标也随之降低，不再执着于孩子复学，转而关注孩子的身心健康。

五、力量发挥阶段

孩子发泄得差不多了，就会进入他自己的信念松动期。与此同时，家长不断地学习成长、积极改变，能够用无条件的爱去接纳、感化孩子，并用正确的方式与之沟通、理解，孩子也会逐渐愿意靠近家长，并愿意打开心扉和家长交流。这标志着家长进入了力量发挥阶段，意味着家长通过自身的学习和实践完成了身份的转变——从一个深陷焦虑、满心担忧、无助的求助者，变成了一个勇于担当的责任者。

家长唯有借助自身的学习与成长，率先扭转并调整好自身的负面情绪，才能进入力量发挥阶段，进而实现角色转变。一旦完成这一转变，家长便会拥有力量，便会逐步告别焦虑，真切地体会到自己的意义和价值，开始真正主动地接纳孩子的一切。

如此一来，家长的能力和能量会不断提升，也就潜移默化地对孩子产生了积极影响。孩子看到父母的转变，便会重新给予父母信任，也会进入他自己的成长探索阶段，开始尝试挣脱困境，探寻生命的真谛和方向，思索如何成为更好的自己。

六、家庭关系重塑阶段

如果家长能够无条件地接纳孩子的反复无常、脆弱无助、尝试和退缩，家长的耐心和信心也会得以强化，家长也会惊喜地发现，亲子之间的相处模式已经焕然一新。这标志着进入了第六个阶段——家庭关系重塑阶段。此时家长开始有收获，在这个时候不需要任何方法，孩子就会主动和你亲近，家长也可以真正做到理解、尊重、接纳孩子的情绪和状态。与此同时，家长也会发现自己和其他家庭成员的关系得到了调整和改善，看待人、事、物的态度也有了极大的改善。伴随正能量的不断延续和积累，孩子的内心也会逐渐充满力量，因为他收获了真挚的爱，而这份爱足以赋予他前进的力量。

七、家庭赋能成长阶段

在经历上述过程之后,家庭成员便进入了相互赋能、共同成长、彼此成就的关键阶段,即最后一个阶段——家庭赋能成长阶段。在此阶段,家长仿佛拥有了一双善于发现的眼睛,能够随时随地精准地发现孩子的长处和闪光点。此时,家长展现出的良好状态和强大能量将会带动孩子持续成长。

以上便是家长面对、解决孩子休学、辍学需要历经的七个成长阶段。家长可对照自身所处阶段调整,从而更清晰认知目标,加快跨越阶段。如此,家长与孩子便能够少走弯路,早日摆脱困境。

理解与接纳，携手孩子摆脱厌学困境

我们之前提到的方法能否发挥作用，关键在于家长能否真正完全接纳和理解孩子。家长如果还没有走进孩子的世界，只是想找一个让孩子去上学的方法，那么这些方法非但起不到任何作用，甚至会有负面影响。只有家长真正地接纳孩子，孩子感受到爱，拥有了力量，真正地恢复了，才会有所改变。

一、缓和亲子矛盾的几个建议

1. 家长暂时不要跟孩子谈学习

在孩子极度厌学，甚至休学、辍学的情况下，孩子和家长对于学习这件事情都是很敏感的，因为一些亲朋好友看到孩子不上学，可能会问："孩子为什么还没有去上学呢？"面对这种情况，家长会觉得很尴尬，或感到没有面子，就找一个理由搪塞。

同理，孩子一听到家长或其他人跟他谈论学习，就会特别敏感，其实他想回学校上学，但是他碰到了困难和压力，不知道该怎样处理，或者也曾经尝试解决这个困难，但是没有找到合适的方法，没有经过顺利的过程，没有取得较好的结果，所以他就处于尴尬的情形之中。如果你的孩子处在这一阶段，你一定要牢记：不要不停地或者在不同的场合跟孩子谈回学校的事，因为你跟他谈，他会视为你在催促他、不理解他，甚至认为你对他很绝望，他让你丢了面子，也觉得你不能了解他的困境，进而让挫败感更强。

很多家长确实不理解，孩子休学已经很长时间了，课程也耽误了很多，如果再不跟他谈学习，他还怎么重返校园读书呢？我想说的是，不是永远不谈上学这个话题，而是在这个阶段不谈这个话题。如果在彼此双方敏感的阶段触及这个话题，除了制造更多的负面情绪，给亲子关系制造更大的矛盾之外，并不能解决任何问题。

2. 让孩子感受到家长的转变

孩子此时不愿意和家长沟通，需要家长的转变。孩子现在处于这种情况，那么，他在生活中期待什么？我一直跟家长强调，孩子期待的并不是完美的家长，而是有所改变的家长，不管家长怎样说、怎样做，只要孩子感觉到家长做这些事情的目的是催促他赶快学习，他肯定对家长有意见、有所防备。孩子只有看到家长真正为他改变，包括改变意识、视野、境界，才会慢慢地尝试做出改变。

家长可以尝试让孩子说出家长有哪些改变，告诉孩子家长自己的成长，从而感谢孩子、拥抱孩子。比如："孩子，爸爸妈妈最近学习了家庭教育课程。通过学习，我们找到了自己的原因，发现我们以前理解错了爱的定义、爱的维度，更多关注的是你的学习和健康，忽略了你的情感。通过学习，我们才知道父母给孩子的爱应该是无条件的，所以我们应该给你更多的接纳、信任、关爱和温暖。爸爸妈妈要感谢你。"

需要注意的是，道歉的话不要说得太频繁，偶尔表达一次即可，这样做的目的是让孩子看到家长的变化，而不是让孩子觉得家长亏欠他。所以家长每次可以用不同的话题和孩子聊自己的感悟和成长，而不是只聊愧疚，否则孩子会认为，他变成现在这个样子都是家长造成的，那么孩子很有可能认为自己是受害者，也就无法对自己负责了。

3. 不要和孩子做交换

曾经有一个妈妈跟我讲过她和孩子的对话。她是这样对孩子说的："孩子，你看妈妈已经做出改变了，为了你，妈妈也在不断地学习，你就和妈妈说句话，好不好？孩子，妈妈都已经意识到错误并且改正了，你就原谅妈妈吧。"

这样和孩子交流，不但起不到良好的效果，反而会产生负面影响，因为这种沟通方式本质上就是一种交换——看似在道歉，实则是想让孩子敞开心扉。

家长只需讲述自己的改变、分享自己的生活即可，不要在话语中夹杂对孩子的任何期望。当然，在向孩子表达了以往的过错并且道歉之后，家长在行为上一定要有所改变，要在日常相处中真正地爱孩子、理解孩子、陪伴孩子、肯定孩子、支持孩子、鼓励孩子。唯有如此，才能使彼此间的关系变得亲密和融洽。

有的家长在这样做了一段时间之后发现，孩子可能会毫无征兆地冲自己发火。这种情况恰恰是孩子在宣泄内心积压已久的情绪，意味着孩子内心堆积的诸多不良情绪有了出口。孩子以往由于自身缺乏能量，习惯性地压抑自我、封闭内心，暂时隐藏了这些问题，而现在孩子敢于爆发情绪，表明他对家长的看法有了调整与改变，产生了信任。这无疑是一个积极信号，至少意味着孩子不再向内自我攻击，而是选择向外释放情绪。毕竟向内压抑往往会给孩子带来极大的伤害，孩子爆发情绪意味着他们的心中已存有希望，只是尚未得到满足，从而以愤怒的形式呈现出来。家长要清楚孩子的这种心理活动，切勿因为自己努力许久，不断学习，做了许多改变，却换来孩子的顶撞而心生懊恼。

4. 增强孩子的内心力量

当亲子关系逐步缓和后，家长的核心任务在于增加孩子的内心力量，明确这种力量是从孩子内心深处滋生的。随着亲子关系日益改善，家长和孩子之间仿佛构建了一条通道，家长用关爱为孩子注入力量与温暖，从而推动孩子的成长。不过，这一过程绝非一朝一夕就能完成的，需要一定的时间。所以，家长们要记住，不能因为亲子关系稍有缓和、初见曙光，便误以为亲子关系已经彻底得到修复。只要有足够的耐心，亲子关系的大门终将徐徐敞开。

当家长和孩子搭建好爱的通道之后，孩子逐渐察觉到内心深处有力量在凝聚，有能量在积蓄，安全感也在悄然滋长。一旦孩子的安全感和开放程度达到了一定水平，家长便可以尝试积极引导。如果孩子的内心尚未完全敞开，对家长的信任还没有完全建立，家长一定不要急于求成；如果孩子开始敞开心扉、信任家长，愿意跟家长分享其内心的想法，家长也要懂得把握分寸，不能操之过急。比如，暂时不要跟孩子说"我帮你寻找合适的学校，你要回学校上课"之类的话。因为这时，孩子过去受到的否定、指责、批评带给他的伤痛尚未痊愈，家长催促的话语可能让孩子想起那些伤痛，进而心生畏惧。其实，孩子对家长的意图心知肚明，所以家长一定要三思而后行，要更加开放包容、积极接纳，给予孩子更多的宽容和支持，并且不断鼓励他，促使他持续地表达自己的真实想法，自己决定想做的事情。

家长可以告诉孩子：我们会尽力为你创造一些机会，只要你能感到快乐，并且有意愿去做这件事情，我们就会努力去做。家长要在和孩子的每一次交流中赋予他信心和能量。

5. 为孩子创造他与人交往互动的机会

在日常生活中遇到的一些事情可以征询孩子的意见。比如，和孩子讨论家里的装修风格，周末外出用餐时让孩子点餐，让孩子规划旅游计划等。毕竟当下孩子需要接触新事物，家长就要不断激发孩子发挥主动性、积极性和自主性。当孩子在生活中逐渐具有对自己的掌控力时，他就会意识到自身的能力和潜力，发觉自己可以轻松应对生活中的许多事情。这样，他的信心便会与日俱增，自我价值也会逐步得到提升。同时，在这个过程中，家长除了为孩子提供更多机会外，还要拓宽孩子的视野，提升他们的格局和认知。

二、家长要用平常心看待孩子

在适应了一段时间后,孩子主动谈及未来与学习相关话题的概率就会变大。孩子会主动直面那些曾经困扰他且同样困扰着家长的诸多问题,是因为孩子历经了爱的滋养与不断尝试的过程,从最初的缺乏力量逐步转变至内心力量感得以生发,进而逐渐拥有了直面人生挑战的勇气。需要着重强调的是,此情形在孩子主动提出相关话题时才会出现,这意味着孩子的能量已积累至一定程度,犹如种子在地下积蓄力量后破土而出进行的勇敢尝试。

有一部分家长在这时会比较着急,认为自己努力了这么长时间,如今看到曙光了,便妄图立刻达成目标——立即让孩子重返校园。然而,此时孩子非常容易出现反复。家长要明白,在孩子不愿意上学的时候,你表现出的担忧、焦虑、失望等负面情绪会传给孩子,致使孩子再次受到挫败和创伤,加剧内心的伤痛。孩子会比较纠结:一方面他深切地感受到了父母对自己的关心和爱护,这让他在逐步改善的亲子关系中看到了希望,而他内心也是渴望上学,愿意为之努力的;另一方面,家长急切地提到复学这件事情,孩子一想到自己立刻回到那个环境,功课已经落下了很多,脑海中不由自主地浮现昔日老师的责备和父母的责罚。这些因素交织在一起,又容易导致孩子的情绪和状态出现不稳定。对于这种情况,家长应予以理解和接纳。

那么这种情况究竟该如何应对呢?答案是用一颗平常心去看待。倘若孩子能够顺利回归校园,那自然是皆大欢喜的局面。如果孩子在口头上表示想回学校上课,可临到出发前又陷入痛苦之中,不愿迈出家门而未能成行，那么家长务必牢记，这是孩子的试探期，意味着他内心的创伤尚未完全愈合。在此期间，家长切不可对孩子加以指责、抱怨，更不能陷入伤心或崩溃的情绪旋涡之中。要明白，孩子正在努力克服重重困难，只是其内心积聚的力量还不够充足，还未做好万全的准备，力量仍然很薄弱。

家长还是要源源不断地向孩子注入爱，继续为孩子的内心积聚更加强大的力量。面对孩子的这种情况，家长可以这样思考：有些花朵的花期很短，可能只有两到三个月，甚至两三天就会凋零衰败；而你的孩子如同茁壮成长的树木，从幼小树苗长成参天大树需要长时间的沉淀与积累，需要经过耐心的培育与等待，才能收获累累硕果。

当家长能够发自肺腑地接纳这一切，全然接纳孩子的现状与变化，并且始终坚定不移地相信孩子时，孩子也会紧紧依偎在我们身旁，即便这个过程充满波折。他会真切地感受到那份深沉而真挚的爱，进而在内心深处真正萌生出感恩之情。这种感恩并非流于表面，而是源自灵魂深处，他会因此更加热爱自己的父母，对父母的付出心怀感恩与敬意。随着时间的推移，孩子会逐渐产生为家庭贡献力量的意愿，开始主动地想要为父母、为家庭做些事情。而这份感恩的心，在孩子不断地对外试探、与社会持续磨合，直至达到一定程度与深度的时候，便会自然而然地转化为强大的内在驱动力，助力孩子克服上学途中所遭遇的重重阻力，使其逐步成长为一个内心拥有强大力量、能够勇敢面对生活挑战的人。

所以，即便孩子暂时未能上学，在此期间，他也会认真思考：我究竟该做些什么，才不会辜负如此疼爱我的父母？我又该如何生活、怎样行动，才配拥有美好的未来，才足以匹配父母对我的深情厚爱与殷切期望？需牢记，这是孩子积蓄力量的关键阶段。

三、寻求外部力量，协助孩子成长

请家长务必留意，当孩子因对家长的信任而开始积蓄力量时，家长便能寻求更多外部力量来给予协助。如果此时家长能够精准地针对孩子所面临的问题，找到合适的人、事、物来帮助其化解困扰，便会发现孩子自身亦渴望从困境中挣脱，实际上他是乐意接纳外界帮助的。他坚信家长与自己是并肩作战的战友，彼此站在同一阵线，他也会主动产生解决问题的意愿，而这一点才是最为关键且重要的。例如，孩子因为学习成绩欠佳或者成绩陡然下滑，导致其难以承受压力，心理变得极为脆弱而辍学，那么当家长不再过度在意孩子的分数时，一旦孩子重回校园，他便不会再如以往那般看重成绩，内心的压力也会有所减轻。与此同时，家长还可以与老师沟通交流孩子的相关状况，促使老师给予孩子更多的鼓励与认可。

或者家长可以为孩子做精心的规划，帮助他在认知层面有所改变，让他更有底气，越发自信。比如，孩子当时是因为没有处理好与同学之间的关系而辍学的，家长就要多引导孩子接触不同的环境，鼓励他与人互动交往，可以带着孩子参加一些有助于陶冶情操的活动，如参加读书会等。通过这种活动，孩子能够结交到一些朋友，在这个过程中，他会慢慢地克服与人打交道的恐惧心理，并且逐渐掌握一些交友的方法和诀窍。

同样的道理，当孩子与父母之间的关系变得融洽之后，他与同学之间的关系往往也会得到显著的改善。毕竟，父母关系向好发展的过程，就是让孩子慢慢体会到爱的过程。在这种氛围的熏陶下，孩子自然也会在与同学相处时付出爱、给予关怀，相应地，他也就能收获来自同学的爱与关怀了。

当孩子流露出渴望变好的意愿时，家长要为他创造一些机会，给他一些外在的力量与支持。而要达成这一点，前提条件在于父母自身的特质。具体来说，父母应当是热心肠的人，平日里总是乐于帮助他人。只有这样，在关键的时刻，才会有别人愿意伸出援手来帮衬一把。不然的话，如果父母自己都没几个朋友，没几个知己，身边也没有几个能量强大、维度高的人，那到时候又能找谁来帮助孩子呢？

不过，在此需要强调的是，在我们的生命历程中，过度依赖是我们需要警惕的敌人。我们可以借助他人的力量推动孩子的成长和进步，但绝不能过度地依赖他人。家长不能错误地认为只有依靠人脉才能助力孩子发展。家长要全面考量并整合多方面因素，适度借助外部力量的同时，更要注重自身所能给予孩子的全方位支持，从而稳健地为孩子的成长与进步保驾护航，避免陷入过度依赖他人的误区。

在孩子借助这些外在力量成长的过程中，或许我们会在不经意间触碰到孩子内心深处的伤口，致使孩子感到痛苦，甚至产生想要退缩的念头。但不要为此而担忧害怕，这其实是一件好事。因为人如果不曾经历种种事情，就无法积累起宝贵的经验，而孩子试错的这个过程，恰恰就是他不断强大、实现成长的必经之路。

所以，各位家长不妨把整个过程当作打游戏，将遇到的每一个问题都视为需要攻克的关卡，一关一关地去突破。即使有时候感觉努力了半天又回到了原点，也不要气馁，只要坚持下去，最后一定能够顺利打通关卡，迎来美好的结果。

对抗焦虑和抑郁，家长须提供有效陪伴和情绪疏导

孩子在休学、辍学的过程中伴有一定抑郁状况，家长该如何妥善应对？孩子出现这一状况，或许是休学、辍学期间的事导致，或许是孩子在上学之际便已然遭受某种情绪的困扰，甚至存在抑郁的状况，只不过身为家长的我们尚未察觉。

家长究竟该如何精准判断孩子是因青春期叛逆而休学，还是由于受到情绪严重影响而休学，抑或是存在一定程度的焦虑、抑郁倾向？家长又该通过何种方式加以区分？其实，最为直接有效的途径就是前往专业的医疗机构诊断，借助专业的测评和检查，明确孩子的真实状况，从而为后续的应对措施奠定坚实、科学的基础。

然而不少家长心存焦虑：我带着孩子前往医院或专业机构诊断，孩子未必会配合，甚至极不愿意前往。毕竟孩子长时间待在家里，处于自我封闭状态，鲜少与人交流，长期被负能量所笼罩，或者常常昼夜颠倒，

整天无所事事地躺平，自然而然会产生诸如焦虑、抑郁等状况。

我提醒各位家长，如果孩子出现头痛、肚子痛等躯体化症状，甚至出现自残、自杀的念头，一定要到医院或正规的专门机构诊断及治疗。

除了求助于医学手段，家长也需要学习和成长，以便为孩子提供有力的协助并解决部分问题。孩子被诊断为抑郁症或者焦虑症背后，往往说明家庭也存在问题。家长可以提升家庭能量来化解这些难题，帮助孩子走出困境。

有一些家长存在一种错误的认知，认为自己不需要让孩子接受治疗，只需要注重提升家庭的能量就可以了。这种想法有可能会耽误孩子的治疗。因为每个家庭所具备的能量不一样，家长自身改变的状态也各不相同，并且很多事情的发展和改变都需要较长时间，往往可能导致孩子朝着恶性循环的方向发展。

一、家长如何判断孩子是否焦虑、抑郁

有家长会提出这样的疑问：如果孩子坚决不去医院检查，是否还有其他的解决办法？我向各位家长提供几个基本的判断方向，以便大家能够先对此做一番了解，尽量做到心中有数。不过，我要强调一点，大家只能将这些内容当作经验来参考，不能将其视为科学的论证依据，毕竟我们还是要以经过医生检查后得出的指标和结论为准。

一般来说，家长可以从以下几个方面判断。

1. 情绪

在青春期阶段，孩子出现叛逆、厌学的情况时，确实会有情绪低落的现象发生，但是这种因叛逆、厌学引发的情绪低落持续的时间通常不会太长。比如，孩子这两天看起来比较消沉，可能是受到了一些事情的影响，说不定过了一个晚上，第二天就又心情愉悦了。

然而，对于那些存在焦虑、抑郁症状的孩子来说，情况就大不一样了。他们情绪消沉的时间往往会比较长，几周、几个月不等。如果孩子消沉的时间格外长，如持续半年以上，家长就必须引起重视了，要随时随地关注孩子的精神状态，或者及时寻求专业帮助。

2. 人际关系

很多孩子出现问题往往缘于人际关系方面的困扰。比如，在青春期，孩子如果出现叛逆或不愿意上学的情况，很有可能是跟家长闹了矛盾，亲子关系出现了一些问题。不过，不管是和家长争吵，还是暂时不和家长说话，这些情况还算比较正常，只要孩子能够和老师、同学、朋友正常交往，就属于一个正常的状态。如果是抑郁的孩子，情况可就大不一样了。他们往往会切断一切社交，不仅仅是和家长变得疏远，也会减少和朋友的交往，不愿意袒露自己的内心世界，做任何事情都变得瞻前顾后、格外谨慎。这时家长必须引起注意。人是群体性的产物，更是社会性的产物，正常情况下是不会无缘无故减少社交活动的，即使是内向的孩子，也还是和外界有接触的。如果孩子完全不与外界接触，往往就说明他已经存在一定程度的抑郁情况，如果长时间如此，他还会逐渐丧失一些社会功能。

所以，一旦遇到这样的孩子，我通常建议家长别着急让孩子快速复学，而是先着力解决孩子与社会交往的问题，处理好他与人之间的关系，帮助他重新建立社会互动交往的信心与能力，这是重点。

3. 整体表现

家长可以从孩子的整体表现这一角度来判断。一些呈现出叛逆、不爱学习甚至厌学状态的孩子只是不喜欢学习，但是他们会积极地表现自己，存在着诸如虚荣、喜欢攀比的心理，比如有的孩子可能会因为一件小事和他人展开争论，甚至一些孩子还会表现出一定的攻击性。

有焦虑、抑郁症状的孩子又是另一番表现。他们的反应通常会显得有些迟缓，在大多数时间里，情绪都处于低落的状态。尤其突出的一点是，他们在意志活动方面有着较为明显的减退现象，比如在面对一些需要坚持去做的事情时，往往缺乏足够的动力和毅力。

什么是意志活动？意志活动是指人们自觉地确定目的，并根据目的支配、调节自己的行动，克服困难，从而实现目的的心理过程。青春期的孩子通常比较在意自己的外表，他们不修边幅，是故意做给家长看的，以此来对抗学校或者其他希望他们改变的人，意思就是"我就这样，看你能把我怎样"。抑郁的孩子则不是这样，像洗脸、刷牙、理发、打扮这些小事，他们可能不会在意，也不愿意去做。他们精气神不足，认为任何事情都毫无意义，不想去做，也没有力气去做。在学习方面亦是如此，他们的精气神难以支撑，认知功能下降、注意力难以集中、思维变得迟缓，根本无法学习。所以，青春期叛逆厌学的孩子，仅仅是态度上的问题，即主观上不想投入；而那些已出现焦虑、抑郁倾向的孩子，则是精神、心理出了问题。

家长可以留意一下上述三个方面。如果你感觉孩子确实是精气神不足，整个人极为消沉，毫无社交意愿，拒绝和人打交道，呈现极度颓废的状态，最好前往专业医院进行诊断，因其已经属于心理疾病范畴，借助医学干预手段较为妥当。仅仅依靠孩子自我调整，或者仅仅依靠父母单方面的接纳，效果肯定会大打折扣，尤其是孩子已经到了中度或者重度抑郁阶段时，期望大家能尽早处理，以便早日解决问题。

二、家长如何帮助孩子走出焦虑、抑郁的状态

如果孩子已然辍学或陷入抑郁状态，就表明孩子所承受的压力已达到了极为严重的程度，意味着他所面临的问题已经棘手到难以自行解决，且令其深陷痛苦的泥沼无法自拔，也说明他们的情绪缺乏一个良好的宣泄出口。

家庭应该为孩子提供一个安心休憩与恢复的场所。父母察觉到孩子受伤后，就应该为其疗愈伤痛、补充能量。如果父母未能及时妥善地处理，非但未营造出充满爱意的家庭氛围，反而施加给孩子更多的压力，那么孩子极有可能走向崩溃的边缘。

从这一角度来看，孩子出现问题与家庭教育有着千丝万缕的联系。家庭本应是孩子的坚实后盾与最后一道安全防线，可近年来青少年抑郁症患者数量呈上升趋势。抑郁的孩子背后往往是一个存在问题的家庭。既然问题已然明晰，家长便应着手解决家庭存在的具体问题，着力改善家庭环境。

1. 构建良好的亲子关系

这一关系最为关键。如果没有良好的亲子关系，那么关于孩子教育成长的问题探讨、教育理念及教育方法的施行，都难以达成预期效果。唯有成功地建立起良好的亲子关系，家长才能与孩子实现心与心的接纳和信任，进而为孩子提供内心所需的力量和情感层面的支持。

那么，家长应当如何行动呢？

家长首先要用心去观察、分析孩子产生这些问题的根源。比如，究竟是什么致使孩子丧失了主动进取与抗挫折的能力？为何孩子会陷入自我否定，觉得自己一无是处？又是什么让孩子在经历某些事情后，选择彻底放弃努力，认定自己毫无前途？为何孩子会感到生活失去意义，进而选择日夜颠倒、逃避学习、拒绝交流，甚至陷入抑郁或焦虑的困境？为何这样一个令孩子难以挣脱的恶性循环会摆在家长面前？家长又该如何看待这一系列状况？

我认为，一旦能够清晰地解答这些问题，家长就明确了行动的出发点，清楚为何要帮助孩子，接下来再去深入研究具体的行动方法，就可以从根本上解决问题。

在此，我向各位家长推荐一些方法。

第一，让孩子真切地感受到自己在家庭中的重要性。这一点极为关键，不可或缺。比如，若家长平日过于强势，现在可以尝试变得柔和，学会适当示弱；家长以往总是对孩子加以管控，现在可以帮助孩子自主地去追寻理想与梦想；孩子主动完成一些小事后，家长应给予鼓励、予以肯定，使孩子通过家长的反馈感知到自身价值，获得成就感；家长还可以减少过度包办代替，让孩子承担一些家庭任务，从而培养其责任感与独立能力；等等。

第二，家长应与孩子携手踏上利他之路，积极地去帮助他人。无论是完成一些毫不起眼的细微之事，还是投身于慈善公益活动，其目的均在于让孩子真切地领悟到，自己的价值并非取决于自身的得失，而是源自为身边之人、周遭之事以及所处之环境贡献出的助力与付出。在这类活动中，孩子尽管会付出诸多艰辛与努力，却能够收获满满的价值感、达成目标后的成就感以及对自身行为意义深刻认知的意义感。实际上，许多孩子陷入抑郁困境而不愿上学，往往都源于未能探寻到自身存在的价值与意义。故而，帮助孩子找寻到这份意义，便是第二点关键内容。

第三，与孩子一同致力于完成某个项目、创作某一作品或达成一个目标。无论此项目、作品或目标的具体内容为何，也不论最终结果怎样，只要孩子能够与家长携手共进，便极具意义。因为借由努力去实现目标的这一过程，其本身就蕴含着价值与意义。

身为家长，我们给予孩子的支持不仅是必要的、基础性的，还是最重要的。家长是孩子心灵的守护者，是他们最重要的靠山。所以，家长在这一过程中是绝对不能推卸责任、绝对不能出任何问题的。我们与孩子之间的关系、沟通模式，以及家庭氛围的营造，都需要加以优化和完善。

第四，家庭要为孩子提供充足的成长空间。如果将孩子比喻成一棵树，家长就要知道树根、树干和果实分别代表什么。树根可理解为孩子的心理承受能力与抗挫折能力，它是支撑孩子成长的根基，如果根基不稳，孩子在面对成长中的各种挑战时就容易倒下；树干象征孩子在学习、社交、生活技能等各方面的综合能力，是孩子成长的主体架构，承载着孩子不断向上发展的可能；果实则象征着孩子在各方面努力后所取得的成果，比如学习成绩优秀、人际关系状态良好等。

有的孩子之所以抗挫折能力差，原因之一是家长没有给孩子足够的成长空间。当孩子被限制在狭小的成长环境中时，发展需求难以满足。比如，孩子探索新事物、发展兴趣爱好，会因为家长严苛的规矩和过高的学习要求而受阻。这使得孩子面对外界挑战时，适应和应对能力不足，一旦遭遇学校压力、学习难题、社会挑战或者人际交往问题，就难以妥善处理。长此以往，孩子的心理和情感易受伤害，抗挫折能力难以提升。所以，家长要为孩子提供足够的成长空间。

2. 纠正孩子的认知，帮助孩子重新认识自己

家长应关注的，绝不局限于孩子的学习成绩，更为关键的是孩子的心理状态、认知观念与思维方式。

事实上，真正导致我们痛苦的并非事物本身，也不是引发情绪波动的某件事或某个人，而是我们对该事物的认知与解读。所以，家长需要解决的并非外界的"敌人"，而是要修正自身对事物的看法，也就是调整认知。

只有改变了认知，我们才能够有效改变自己的情绪状态。家长也应当协助孩子对认知进行调整，进而调节其情绪。各位家长不妨问自己这样一个问题：如果别人家的孩子遭遇了这些压力，他们一定会休学、陷入焦虑或抑郁吗？答案是不一定。那么，为什么你的孩子在遇到这些问题时就无法解决、难以承受呢？原因之一是孩子认知上出现了偏差，以至于深陷其中难以自拔。

那些患有抑郁症或者已然辍学的孩子，大多数看待事物的方式都较为简单、片面，极其容易钻牛角尖，思维缺乏足够的弹性，常常会被自己的思维模式和逻辑框架束缚，因而很难从困境中走出来。也就是说，这和他们的视野过于狭窄、对事物的认知过于绝对有一定的关系。

我们必须清楚地认识到，及时发现孩子在认知上的不足是一件好事，一旦孩子成功闯过这一关，他在面对以后的学习、工作和生活时，就不容易再掉进同样的陷阱了。如果不闯过这一关，对问题视而不见，将其搁置一旁，即便勉强让孩子复学了，他也有可能会再次辍学；就算没有辍学，在参加工作后，他也有可能因为这些问题而面临失业；就算工作方面顺利，他的婚姻生活也有可能不幸福。所以说，这件事的意义在于当下能发现问题，就有机会改正。我们能够凝聚全家人的力量，齐心协力帮助孩子顺利闯过这一关。如此一来，孩子往后的人生道路便能少一些坎坷，多一些顺遂。

我们要达成一个共识，一个抑郁的孩子，他不仅需要靠医疗手段进行干预治疗，更要促使自身的思维认知发生改变。

我曾经和一个因抑郁而辍学的孩子深谈过一次，当时他正处于极度痛苦的状态。

他之所以如此痛苦，是因为从小到大他一直都表现得十分优秀。可到了初三的时候，他被调到了一个重点班，在那个班级里，成绩优异的孩子比比皆是。他也努力尝试提升成绩，可结果不尽如人意，成绩一直在班级垫底。他每天都过得异常痛苦，感觉自己根本没办法追上班上的其他同学，然而内心又十分不甘。他每日都在"去上学"还是"不去上学"的两难抉择中徘徊，渐渐地，就开始不去上学了。

我对他说道："在你的人生观念里，只允许自己一直保持优秀，不允许自己出现不好的情况，你觉得这样合理吗？"他表示他是个有着完美个性的人。我接着问他："那什么叫完美个性呢？"他思索了好一会儿，说他对任何事情都追求完美，都要达到最好的状态。

我又问他："你有喜欢的季节吗？"他回答说有。我便问："那你喜欢哪一个季节？"他说他喜欢春天，不喜欢夏天和冬天，因为夏天太热，冬天太冷。

我听后说道："那假如一年四季都是春天，你觉得好不好呢？"他想了半天，然后摇了摇头说："不好。"

我顺势说道："是啊，要是一年四季都是春天，那你根本就看不到风花雪月的多样景致，也感受不到四季的交替轮转。正因为有夏天的炎热、冬天的寒冷，我们才能真切地感受到一年中节气的变化，我们的身体也才能据此顺应和调整，世间万物才会呈现出丰富多彩的景象，我们才能品味到各种各样的佳肴美味，欣赏到不同季节的景色。

"同样的道理，如果你只允许自己成功，不允许自己失败，那你未来肯定没办法成为一个真正成功的人。你看看，哪一个成功的人不是经历过无数次的失败呢？很多人之所以能够取得成功，恰恰就是因为他们曾经跌到过谷底，而在跌到谷底之后，才会迎来一个巨大的反弹，从而一步步走向成功的巅峰。我们要允许自己有遭遇失败、落在人后的时刻。因为唯有在这样的阶段，我们才能够真正看清自己的状况，才能深切地明白什么叫山外有山、人外有人，进而懂得去学习，去广交朋友，去多方汲取经验。同时，我们也能够清楚地认识到，过去我们一路赢过来，赢得太多并非全然是好事。拿着一副好牌并且打好了，这算不上什么了不起的本事；真正有本事的是，即便拿到了一副不那么好的牌，却依然能够将它打得漂亮。所以说，输得起是人生中一堂重要的课。那些输不起的人，他们永远也难以真正赢。只有既能赢得起，又能输得起，才称得上是完美。"

我说到此处时，孩子的眼睛突然亮了。

随后，我为其分析他的优势及接下来需努力的方向，让他回去多读课外书或圣贤经典，提高自己的认知，拓宽自己的眼界。后来，孩子的家长向我反馈，经过努力，孩子已经高高兴兴地去上学了，状态有了明显改善，这与认知提升带来的积极转变密不可分。

就我接触过的许多类似情况而言，一旦涉及认知层面，让孩子看清问题根源所在就是关键。每看清一点，便意味着解决一部分问题，每过一关，便意味着能再向前走一步。

大家需要记住：对于出现抑郁、焦虑等严重问题的情况，该进行治疗就得果断治疗。如果我们对认知缺乏了解，那便很难从内心深处真正去解决这些问题。所以我们有必要了解认知，提高自己的认知水平，以便能更好地了解孩子。同时，也期望孩子能够正确地认识自己，不断形成正确的认知，以帮助他们自己解决所面临的问题。

所以，我由衷建议各位家长，首先要实现自我意识的提升。认知提升后，我们自然就会具备与认知水平相匹配的格局，进而也会拥有相应的眼光，视野和境界也会得到显著拓展和提升。如此一来，当我们再度面对孩子的问题时，思路会变得更加清晰，我们便会对孩子更加包容、更加珍爱，也能帮助孩子更加迅速地摆脱困境。

当我们清晰洞察问题的本质时，往往会触及隐藏在问题之下的人性的弱点，这些弱点会毫无遮掩地展露出来。而恰恰是这些弱点，能够促使我们变得更为强大，学会接纳自身暂时存在的不完美之处，并且心甘情愿地逐步提升自我。如此坚持下去，日后定会有所收获。在这一过程中，些许困难又算得了什么？

不过，家长需要格外留意的是，不能像我这般直截了当地去戳孩子的痛点。因为在孩子眼中，你不是专业人士，有些话语你可能把握不好分寸，极容易对孩子造成伤害。家长不要操之过急，别把这些引导孩子的方法当作救命良药一般急切地使用，而是要慢慢来，循序渐进。先从自身做起，通过一点一滴的影响，逐渐熏染、渗透进孩子的世界，让孩子能够慢慢地接受这些正确的认知。

三、家长帮助孩子对抗焦虑、抑郁的其他途径

1. 得到亲朋好友及周围人的支持

能够从休学状态成功复学，并且从抑郁困境中顺利走出来的孩子，

必定从外界获取了源源不断的能量及情感方面的支持。这种支持不管是来源于父母，还是来自其他对孩子而言十分重要的人，关键都在于，这种支持必须是持续不断的，是能给予孩子有力支撑的。

我目睹过很多此类情形：孩子辍学且陷入抑郁，虽然父母能体谅，但其他亲人难以理解，甚至认为是父母宠溺孩子造成的。有时父母好不容易将孩子的自信心重建起来了，沟通也逐渐顺畅了，然而家中的亲人突然出面指责、数落孩子，言语尖酸刻薄，说一些很难听的话，致使孩子情绪再次失控，从此把自己封闭起来，对身边所有人，包括亲人都心怀怨恨。

所以，如果能得到孩子的同学、老师、朋友等周围人的支持，对于孩子的成长与恢复将会极为有利。如果不能获取这样的支持，我们就必须谨慎地考量孩子与他人交往这件事。如果决定让孩子进行交往，那么事先务必做好周全的安排与准备。

心灵受伤时，最佳的良药便是真诚、真情。并且，情感是运用所有方法的前提与根基。倘若缺乏良好的关系以及稳固的情感支持，后续的方法便都成了无本之木，根本无从施展。期望大家都能够认真对待这一点，不要在尚未建立情感基础时便盲目地采取行动。

2. 寻求必要的治疗方法

家长可以带孩子到医院接受专业治疗，除了药物治疗，医院还有其他干预手段，例如心理干预与认知干预，其核心目的在于化解孩子与家长的认知困境。

在选择机构或者寻求心理咨询的时候，一定要慎之又慎。这是因为，如果对方不了解情况，或者给出错误的指导与安排，家长照做了，那就极有可能前功尽弃。总之，没有良好的关系和情感支持，任何方法都不应启用，也根本无法实施。

在心理干预方面，千万不要轻信不实信息，不要看到网上有人给出某种建议就盲目跟从，比如将孩子送到戒断网瘾的学校之类的地方，而是选择正规、具有专业资质的医疗机构，遵循医嘱，逐步妥善地解决问题。

在此我要强调一点，如果不改变外在环境，即使我们给孩子提供了堪称"灵丹妙药"的解决办法，或者有各种各样的外力介入帮助孩子，这些也都只能在短期内对孩子起到一定作用。因为这些外力的作用仅仅停留在表面，无法从根源层面、系统层面彻底解决孩子所面临的问题。因此，孩子后续出现反复的情况是极为正常的，这是问题没有得到根本性解决所导致的必然结果，我们对此要有充分的认识和心理准备。

重建情感联结，引导孩子远离电子游戏

通常孩子处于失控对抗阶段时，常见的现象是孩子把自己关在房间里，拒绝上学，日夜颠倒地打游戏，作息时间严重紊乱，甚至可能一天只吃一顿饭，有时家长费尽心思把饭菜送进去，结果又原封不动地端出来。甚至只要家长在家，孩子就会紧锁房门，家长只能敲门后把食物放在门口；只有家长都外出上班了，孩子才可能出来吃点东西。家长在门口与孩子交流，孩子也毫无回应，或者直接暴怒、对骂。

许多家长想要管教孩子，即便出发点是好的，也无能为力。因为在这种状态下，家长的管教不仅无济于事，反而可能引发更激烈的冲突。所以，我给家长的建议是暂时不要去管孩子，或许不去管的效果反而更好。

对于孩子沉迷游戏的情况，家长也要有正确的认识，而不是不分青红皂白地禁止孩子打游戏。

一、孩子沉溺游戏的原因

有家长抱怨："我家孩子整天躲在自己的房间，昼夜颠倒，除了玩游戏就是睡觉。"我们仔细思索一番便能明白，孩子之所以如此，是由于内心的痛苦、不适及认知上的困惑纠结。如果他仅有的情绪宣泄出口都被剥夺，整日只纠结于如何重返校园、怎样面对压力与承受一切，那他必然会出状况，甚至可能精神崩溃。若此时我们采取强硬手段，切断电源、关停网络、没收手机，他很有可能会陷入极度的狂躁不安中，与我们产生激烈的对抗，因为游戏已是他仅存的一丝精神慰藉。

孩子躲在自己的房间里，需要找一些可以打发时间的事情来做。游戏在此时就成了他的一个宣泄出口，起码在虚拟世界当中，有一群他不认识的人，这些人不会对他妄加评判，还能和他互动，共同完成一个项目或者任务，在此过程中，孩子能收获一些价值感和成就感。

本书第二篇介绍了游戏的激励机制。通过介绍，大家知道了游戏的背后也存在着一套规律，即便它是一个虚拟的世界，可是孩子的感受是真实的，他在这个虚拟的世界中得到快乐，与他人的互动过程也是真实发生的，所以他自然而然会沉迷其中。从某种程度上看，游戏是孩子发泄情绪的途径，也是逃避现实的一个出口。换句话说，一部分孩子沉溺游戏的原因是，他在现实世界中难以支撑，进而躲入了虚拟的游戏世界。

还有的孩子大都经历了烦躁迷茫阶段和焦虑探索阶段，他们试图透彻地剖析自己迷茫、焦虑的原因，想要努力想通事情的来龙去脉，然而他们情绪不稳定，心情烦躁，不仅想不清原因，还容易陷入失眠的困境。夜深人静之时，成了他们最为煎熬的时段。

如果你经历过失眠，就会明白那是很痛苦的，尤其在背负压力时，更是苦不堪言。这种感受和孩子通过打游戏逃避现实、缓解压力的心理有相似之处。孩子多会在晚上打游戏，也是为了忘掉烦恼，寻找快乐。而且，晚上玩游戏的人相对较多，孩子更容易找到在网络世界里与自己志同道合的队友。

不要用自认为合理的思维模式去看待正在遭遇问题的孩子，更不能强行对其限制和管束。孩子内心正在遭受伤害和痛苦，作为家长，我们能做的便是竭尽全力地接纳他。如果孩子面临的问题极为严重，那么最为关键的便是让孩子真切地体会到被接纳、被许可、被关怀，感受到爱意。

二、家长要和孩子建立情感联结

有位家长向我咨询，说早些年他的工作特别忙，顾不上家里，甚至很少给孩子购买衣服，再加上是男孩，他对孩子的外表方面也并未在意。现在孩子已经休学将近三个月，一直闭门不出。夫妻俩给孩子买了几件新衣服，孩子却突然情绪失控，把父母用力地推出房间并反锁房门，随后在房间里放声大哭。他表示不解，不懂孩子为什么会有这种情绪。我告诉他，孩子休学在家，内心还是有自责和内疚的。当他突然感受到了父母的爱，内心感受到了温暖，想走出困境却又觉得愧对父母，所以才会有这样的情绪宣泄。其实这并非坏事，当我们为孩子做一些表示关心的事情时，孩子的内心和我们是有情感联结的，只是他不知道该怎么表达。对孩子而言，除了跟游戏的关联，和父母的情感联系对他的恢复是非常重要的。所以，家长不要将全部心思都放在如何管束孩子昼夜颠倒地玩游戏这件事上，更不要一味地纠结于孩子该不该上学，或者怎么让他上学。我们应该把精力聚焦在如何与孩子建立情感联结、增进亲子关系上。

为了和孩子建立情感联结，家长不妨尝试与孩子一起做游戏。如果对游戏一窍不通，可以让孩子扮演老师的角色，我们当学生，向孩子请教游戏的玩法，和孩子一起领略游戏世界。在共同玩耍、共同成长的历程中，我们便能更透彻地了解孩子，明白他们每日在游戏中的所作所为，洞察他们的内心世界与行为逻辑。

此时，游戏成为一个关键的纽带——孩子热衷游戏并愿意投入其中，如果我们也能一起参与到游戏当中，亲子关系便会逐步趋于缓和。在建立良好关系的基础上，我们才真正具备影响孩子的能力。

一般来说，只要孩子的睡眠时间充足，家长就无须过度忧虑，越是加以限制或管控，越会激起孩子坚持玩、逆反到底的欲望。并且在这种欲望的驱使下，孩子还会特意加强与家长之间的对抗：你越不让我玩，我就要玩到底。

当孩子出现过度沉迷游戏等令家长担忧的行为时，部分家长或许会萌生出一种想法：如果暂时不对孩子进行强行管控，孩子是否会因过度玩耍而疲惫不堪，进而自行停止。实际上，孩子确实可能因长时间重复游戏行为，随着新鲜感的消逝，对游戏的兴趣逐渐降低，从而产生转移注意力的需求。

正如我们此前所探讨的，孩子在成长过程中会经历不同阶段，其中失控对抗阶段和宣泄报复阶段，对家长而言无疑是最为艰难的时刻。在这两个阶段，孩子与家长激烈对抗，表现得任性且无礼。但请家长们相信，这些阶段都是暂时的。当孩子逐渐对游戏降低兴趣，情绪宣泄也趋于平静，便会步入信念松动阶段，紧接着进入情绪平复阶段。随着游戏热情的逐渐消退，他会开始思考其他事情，尝试寻找新的乐趣。

不过，需要特别强调的是，家长绝不能仅仅被动等待这一过程自然发生。在孩子成长的每一个阶段，家长的积极引导都起着不可或缺的作用。在孩子表现出对游戏兴趣下降的初期迹象时，家长应敏锐捕捉这些信号，及时与孩子沟通交流，了解他内心的想法和需求，提供丰富多样且积极健康的选择，如参加户外运动、阅读书籍、学习艺术技能等。通过这些方式，帮助孩子顺利地将注意力转移到更有意义的事情上，引导他走出可能面临的困境，迈向健康成长的道路。

然而这个过程时长不定，或长或短，这与孩子问题的严重程度紧密相关，也和家庭氛围以及曾经与孩子构建的亲子关系有着直接的关系。如果我们能营造充满欢声笑语的家庭氛围，除孩子之外的每一位家庭成员都有事可做，都能维持良好的精神状态，并且对孩子给予足够的包容与接纳。试想在这样的情形下，你认为孩子还能在那个虚拟世界里沉浸多久？他迟早会发觉自己与这种和谐的家庭氛围格格不入，逐渐发生改变。

对于孩子玩游戏，我们不但无须过分管束，甚至可以为了让孩子玩游戏而主动创造一些条件。我们的目的在于，以最快的速度建立我们跟孩子之间的现实情感联结，因为这才是解决当前问题的有效途径。

三、家长与孩子建立情感联结的沟通技巧

1. 家长避免说的五类话

在这个阶段，家长和孩子存在诸多阻碍，双方沟通的次数可能极为有限。在这种情况下，家长什么能说、什么不能说，至关重要。有这样五类话，家长最好不要说。

第一类话，"你今天状态还不错"。听到这样的话，孩子可能认为：状态不错怎么样？他容易产生联想，认为家长对他别有要求。所以，我们尽量不去评判孩子的状态或情绪。

第二类话，"你要去面对自己的问题"。有时候，家长或许是为了鼓励孩子，希望孩子勇敢面对困难，说了类似的话。这样的想法固然没错，可时机尚未成熟。孩子可能认为：如果我能面对的话，我早就去面对了。我如今的处境不就是我暂时没有能力面对造成的吗？你这样说不就是在指责我缺乏责任感和勇气吗？如此一来，这句话极有可能使孩子陷入新一轮的情绪波动。我们必须清楚地认识到，孩子此时非常敏感，实际上处于一种无力解决问题且极为烦躁的状态。我们只需默默陪伴即可，甚至可以告知孩子："孩子，无论你遭遇何种困境，无论艰难程度如何，爸爸妈妈都会始终陪伴在你身旁。孩子，不要着急，我们一步一步来，一切都会好起来的。"

第三类话，"你到底纠结什么"。其实这句话是毫无意义的，家长问这句话是期望从孩子那里得到答案，然而孩子自己都不清楚自己在纠结什么，也就无法给出确切的答案。孩子要是信任你、相信你、认同你，就会告诉你他纠结的是什么。也就是说，孩子没有告诉你他为

什么纠结，一是因为他自己都没有找到原因和答案，也没有找到解决困难的具体方法；二是因为他根本不信任你，或者说你的表现让他觉得你不理解他、不懂他。亲子关系不到位，孩子是不会回复你的。

第四类话，"我们这么做都是为了你好"。这句话的潜台词是：孩子亏欠了家长。这是一种隐形的控制手段。孩子会对这句话心生厌恶感，进而导致亲子关系会变得更差。

第五类话，"别难过，这点事情算什么，吃亏就是福，吃苦就是你的未来"。如果你说这类的话，只能让孩子觉得你与他是两个世界的人，彼此没有建立任何理解的纽带。因为在孩子深陷困境、内心痛苦之时，这样的话语显得过于轻描淡写，无法真正触及他们的内心感受，更像是一种站在高处的空洞说教，难以让孩子感受到被理解与被共情。

上述五类话，我们要特别注意规避。我们一定要尝试去理解孩子内心真实的感受，尽量做到感同身受。孩子的内心满是苦涩，他因为承受了过多的压力而不堪重负，这才选择躺平。此时，我们不要让他感觉到更多的压力或者指责，不要强制他做某些事情，尤其是他不愿意做的那一类事。或许，你希望他有规律的作息时间，按时吃饭，早睡早起，能够多参加活动，多与人交往。这些固然对他有益，但他暂时做不到，我们也不应强求。

2. 避免向孩子灌输大道理和价值观

孩子已然出现状况，他们的价值感处于极低水平，大脑中存在诸多不合理的信念。加之亲子关系并非十分融洽，孩子对家长所说的许多话语都感到难以接受，甚至根本无法认同。在这个时候，我们需要做的是站在孩子的立场去思考问题。

如果有一天孩子不再向你倾诉，那么我们可能会遇到更为棘手的问题。在孩子需要静心疗伤之际，我们万不可仍一味地对其灌输大道理。当下我们所能做的，便是让孩子做真实的自我。暂且不要心怀期待，妄图扭转或改变些什么，无论是对他的行为模式，还是价值观念，都不应再与之产生争辩。待这一艰难阶段过去，孩子自会逐渐好转，届时再循序渐进地加以引导也为时不晚。

3. 不可假借爱的名义去苛求孩子、束缚孩子

很多时候，家长会心生疑惑，自己为孩子倾尽全力地付出，为何孩子不能振作起来呢？其实，我们说出此类话语，所起到的作用仅仅是增加孩子内心的愧疚与自责罢了。要知道，付出本就是我们为人父母者的本能，我们心甘情愿地付出，也愿意努力去改善当下的状况。至于孩子如今能否振作、是否愿意改变，以及有没有能力改变，这些都是孩子自己的事情。我们绝对不能因为自己付出颇多，就认定孩子必须达成某些目标，这无疑是一种带有附加条件的爱。而这种爱只会给孩子施加更多的压力，致使其再次陷入自我封闭的状态之中。

4. 不要打压孩子情绪失控时的行为

有时候，孩子可能会将情绪朝我们发泄出来，比如在失控时或许会大喊大叫，有可能会砸家里的物品，甚至可能会失控地辱骂我们。对此，家长要记住，他只是因为对内在自我攻击过于猛烈，以至于承受不了，才转而对外发起攻击的。换个角度来讲，这其实算得上是一

157

件好事。只要他们的行为没有对自己或他人造成危害，那我们就应当允许他们尽情发泄，并且不要急于去制止或是安慰。也就是说，在这个阶段，不要急着给他们提出什么样的建议，就让他们尽情释放情绪，只要他们不伤害自己，也不伤害别人。能哭出来就让他们哭个痛快，能喊出来就让他们大声喊出来，这其实是非常有益的，就如同给一个堰塞湖开了个口子，为他们的负面情绪找到了一个宣泄的出口。在这个时候，我们可不要再去讲什么大道理了，不要觉得孩子怎么如此不懂事，怎么这么不尊重人，心想我养你这么大，你居然还这样骂我，更不要觉得自己是不是太惯着孩子了。孩子与普通孩子的行为存在差异，其根本原因就在于孩子内心压抑着、发泄不出来的情绪实在太多了。

当孩子有了情绪，家长强行一味控制、压制他们时，孩子容易陷入困境：向内攻击自己无法承受，向外攻击又被家长制止，此时就容易引发悲剧。

助力孩子克服自卑心理，健康成长

当孩子出现不愿意上学的情况时，往往会每日躲在家中，既不想外出，也不愿与他人接触，势必会影响他的精神及身体状况。家长希望孩子能够外出活动，比如散步、晒太阳、和小伙伴一起玩耍，这些活动无疑是对孩子有益的，然而孩子不愿意这样做。孩子因为社交恐惧而不愿出门，家长应该如何帮他突破这一心理障碍？我们先从孩子不愿意出门的原因说起。

一、孩子不愿意出门的原因

1. 孩子因为自卑不愿意出门

自卑的孩子往往害怕外出时遇到别人，尤其是在外面遇到老师、同学，因为他清楚自己本来应该在学校上学，现在却无法前往，心里就会滋生一种羞耻感，觉得自己不正常，进而认为他人也会用异样的眼光看自己。这种念头一旦累积得多了，孩子便越发不敢出门，愈发惧怕被人看到。

孩子因为自卑感或羞耻感不愿意出门，作为家长，我们要坦然面对。有些家长面对孩子不去上学、待在家里的情况，自己也会产生羞耻感，不敢承认孩子的现状，甚至还会有所隐瞒。试想，如果家长都抱有这种心态，孩子又怎能不会深陷于这种心态？

实际上，这种心态暴露出这些家长曾经存在的控制欲和傲慢心理——家长往往只允许孩子表现良好、不断进步，只希望孩子能为家长争光，却容不得孩子出现退步。孩子在家长的影响下，也产生了相同的心态——只能接受自己的成功，不允许自己的退步。家长如果能够率先调整好自己的心态和观念，不把孩子不去上学、不愿意出门看得过于重要，就是在向孩子传递一种理念：你自己的感受和身体状况是最重要的。孩子的内心感受也会发生变化，进而逐渐放下羞耻感。

家长要明白培养孩子应以健康快乐为首要目标，不能将学习视为孩子唯一的价值体现，更不能认为孩子成绩优秀，自己才有面子，孩子不够出色自己就不配为人父母。如果家长能回归本心，秉持孩子只要健康快乐就好的理念，那么孩子自然会有所感受，会因父母不过分在意而感到自在一些，即便遇到熟人，也可以淡然回应，无须过多解释。如果有一些好奇心旺盛的亲友刨根问底，家长要尽量把孩子的情况说得正常一些，并且告诉他们不要过度关注这件事情。

家长可以从一件小事着手，比如，鼓励孩子走出家门，或者跟陌生人打招呼、进行接触，从结识第一个朋友再到第二个朋友，可以通过打电话、一起吃饭等活动慢慢接触，增加互动，增进彼此的了解，一步一步地走出去，一点一点地实现成长。

2. 孩子不知与他人相遇后如何应对

孩子出门后与人相遇，就会变得焦虑、紧张、不安，不知道该如何应对。我见过一些这样的孩子，他们一见到我或者其他陌生人，就会腿发软、手发抖，甚至说话都不清楚。

对于这样的孩子，家长要做以下事情。

第一，一开始带孩子出去时，要选择离家近一些的地方，在外逗留的时间不要过长，所去之处人也不要太多，让孩子一点一点地适应外界环境。在此过程中可以告诉孩子"没事"，让他心里踏实。此时家长的陪伴至关重要，因为缺乏安全感的孩子是希望有人陪伴他的。家长要告诉孩子，如果有任何不舒服，随时可以休息或回家。家长可以帮孩子做一些记录，比如此次出行的时间、出行的距离、走了多少步等，通过这些信息观察孩子到底能坚持多久。如果孩子每天都能出去一次，就比完全不出门要好很多；如果一天能出门两次，就意味着比第一次有了进步；如果一天能出门三次，就证明孩子越来越愿意和外界接触了。

第二，想尽一切办法让孩子聚焦他成功的时刻。当下孩子面临最大的问题在于，总是只能看到自己的失败和不足。如果家长持续地强调孩子的失败和不足，这些失败和不足必然会在他心中放大。相反，若家长重视孩子多走的几步路、出门次数增加等小的进步，并充分认可并强化他的进步，那么他便能从中收获喜悦之情。

针对孩子出门这件事，各位家长千万要沉住气，切不可操之过急，更不能逼迫孩子，不然的话，孩子可能永远都不愿意跟你出门了。一定要循序渐进，根据孩子的实际状态及你们之间的关系行事。

一般来说，孩子和家长的关系以及对家长的态度，会从言语交流、活动范围、互动沟通等方面逐渐发生改变。起初，孩子通常会把自己关在房间里，也不会跟家长有过多的交流沟通。但随着孩子自身状态一点一点地好转，再加上和家长之间的关系慢慢得到缓和，孩子的活动范围便会逐步扩大，开始从自己的房间走出来，来到客厅，或者进入其他房间。或者去楼下取快递，到小区附近的便利店购买食物等，这都是一步步地向好的方向在发展。

当看到孩子的这些进步时，家长不要表现得过于激动，要保持自然、淡定、从容。只要你自己不把这些当作一回事，就能将这样的态度传递给孩子，让孩子明白这不是一件大不了的事，如此一来，孩子也会觉得这确实没什么，到最后，原本看似棘手的问题说不定就根本不存在了。

二、家长要帮助孩子摆脱自卑

当孩子出门之后，可能还会产生新的问题，依然会出现一些负面情绪，比如感到苦闷、失落。这可能跟孩子在外面遇到了他的同学或者其他同龄人有关。孩子看到同龄人背着书包，和其他伙伴有说有笑地在一起，过着正常的生活，转而想到自己休学在家，不能和他们一样过正常的校园生活，难免会触景生情，甚至感到自卑。

确实，那些休学在家的孩子往往都难以摆脱自卑情绪的困扰。因为自卑，他们的信心和能量处于很低的水平，对自身的评价也不高，于是变得疑神疑鬼，对很多事情既害怕又担心，还格外敏感，做任何事都可能畏首畏尾、顾虑重重。家长也会发现，一些孩子即便进入了复学期，就在他背起书包决定要出门的那一刻，依然充满着恐惧、焦躁和不安，连迈出一步都很难，甚至会临阵脱逃。这些情况很大程度上表明这正是他们的自尊心和自卑情绪在作祟。如何帮孩子克服这种自卑心理呢？

自卑心理之所以会伤害到孩子，是因为孩子在这一心理的驱使下，会主动将自己和别人做对比，用别人的优点和自己的不足做对比，进而证明自己不够好。倘若家长明白了这个道理，就要帮助孩子打破这种容易导致自卑的逻辑。家长要让孩子明白多数人在人生的某个阶段都会有自卑的时候，所以，在这件事情上完全没必要纠结。

家长要和孩子一起分析、梳理自卑的原因。自卑大多是从我们与他人比较开始的。比如，同学们都在上课，自己休学在家，这种处境容易引发心理落差，这样的对比确实会让人感到自卑。又如，同学们都学习了很多知识，我却因为自身原因留了一级；有些人身边总是围绕着很多好友，关系也很融洽，我却缺少朋友，形单影只，在这些情况下，也会感到自卑。

家长要向孩子清楚地解释产生自卑的原因，让孩子对自卑有一个更为清晰、客观的认识，从而帮助他们更好地应对这种情绪。

比如，家长可以这样向孩子解释：如果我们察觉到自己产生了自卑情绪，其实意味着别人拥有的某些东西我们暂时还未拥有，或者即使有也没有达到别人那样好的程度。我们要承认这一点，承认就意味着接纳，接纳我们的能力暂时还不够。比如，接纳了自己暂时没有办法像别人一样正常上学。

接纳之后，我们怎样才能让自己变好呢？答案就是付诸行动。我们需要花费一些时间和精力去弥补自身的不足，向优秀的人学习。需要注意的是，没有必要因为别人优秀就一味地让自己陷在自卑的情绪中。我们可以主动地向他们请教和学习，与其深陷自卑之中而停滞不前，不如正视自己的不足，主动寻求改变。我们要承认自己的不足，多向别人学习，促使自己不断成长。

当孩子把自卑转化为谦卑后，无论是和朋友相处、与同学交往，还是向老师请教，都能从中受益。这种谦卑的心态对于孩子未来的成长有着诸多益处。在人际交往方面，它更有利于孩子积累人脉。因为谦卑的人往往更容易被他人接受和认可，人们更愿意与这样的人建立联系，这种良好的人际关系网络为孩子未来的发展提供了更多机会。

另外，家长要逐步让孩子明白，人没做好与事情没做好完全是两回事。事情没做好并不意味着人不好，事情没做好只需想办法做好，去找解决方案即可。比如，如果学习不好，那就解决学习方法和学习心态的问题，只要功夫到位，事情就能办成，反复多练就行。然而，很多家长和孩子一开始就把人和事搞混了，认为一个人学习不好就代表他没有未来。这是一种错误的认知。家长必须改变这种错误的认知，并且要把正确的认知传递给孩子。

一些孩子出现的问题，和家长潜移默化中给孩子树立的价值观与评价标准脱不了干系。家长往往以学习成绩的高低评判一个孩子是否优秀，然而学习成绩不过是一个人一生的一小部分，不能只用这一个维度去评价一个人是否优秀，甚至判断一个人的未来发展。从长远来看，如果家长和孩子的价值观被这种只看短期成败的评价标准带偏，导致只要孩子在某件事情上没有做好，就直接上升到否定孩子的层面，长此以往，家长会苦恼不已，孩子也会因此很崩溃，最后甚至彻底否定自己。

在日常生活中，我由衷期望家长能聚焦孩子的长处，放大他的优点。如此一来，便能引导孩子更多地留意自身的优势，挖掘自己的长处，将注意力集中于自身的闪光点，而不是整天过度关注自己的不足。同时，家长也要引导孩子重视成长中的收获，关注通过自身努力取得的成果。唯有这样，我们的孩子方能充满活力、积极向上，真正摆脱自卑带来的困扰。

有效沟通和开导，增强孩子复学的信心

一谈及开导孩子，许多家长便会深感棘手。毕竟在这一过程中，稍有不慎说错话，孩子就可能对家长不理不睬。不少家长习惯长篇大论地向孩子灌输诸多道理，一心想要彻底说服孩子，然而这样的开导方式往往适得其反，只会让孩子与家长渐行渐远，甚至产生排斥心理，不愿与家长交流。

家长想要开导孩子，前提是家长至少已经和孩子初步建立信任关系，也就是亲子关系基本稳定。孩子从原本的对抗或者冷漠不交流，转变为如今能与家长多说上几句话，比较信任家长，愿意倾听家长的意见并接纳家长的某些想法。而且，孩子在现阶段已经玩得尽兴，在家中活动的范围扩大，也感到有些乏味，开始感到些许无聊。此时，孩子便进入了信念松动阶段与成长探索阶段。面对处于这两个阶段的孩子，家长可以适度地对其进行开导，但务必把握好度，切不可操之

过急。

一、家长开导孩子时可以说的两类话

在明确了上述关键内容之后，家长如何开导孩子呢？或者说，家长应该对孩子说些什么？我为大家提供一个话术模板，包括两类可以说的话。家长务必要对这一内容反复研习，多加练习。因为若话术太过生硬，或是机械地套用模板，极易让孩子觉得家长虚伪。

1. 理解与共情的话

主要指能够表达出"我理解你，我与你是并肩作战的战友，我们彼此共情"的话。

很多家长在这时往往会对孩子说"不要痛苦，不要不开心"之类的话，然而，这类话不但对孩子毫无助益，反而会使孩子的情绪变得更糟。毕竟孩子正处于痛苦、低落的状态，而家长说这些话背后的潜台词实则是"我不允许你痛苦，你不能有这样的感受"，显然这是在否定孩子的感受。如此一来，孩子心里就会想：你让我不痛苦、不难受，可我内心本就痛苦难受，那你就是不理解我，既然得不到理解，我为何还要信任你？为何还要与你亲近？为何还要听你说这些话呢？如此一来，孩子在家中就会越发感到无助、孤独，缺乏力量与价值感。

究竟该如何真正地共情孩子、理解孩子呢？其实就是要站在孩子的角度去说话。

在提及无条件的爱时，我曾多次向大家着重强调，务必先关注孩子的感受。我们首先要做的，便是承认孩子的感受，接着可以给予他一个拥抱，或是其他形式的身体接触。比如，可以这样对孩子说："爸爸能够体会到你此刻正深陷痛苦与无聊之中，也知晓你一路走来极为不易。让爸爸抱抱你！"甚至无须多言，仅仅是一个简单的身体接触，便能让孩子感受到那份深沉的爱意，一切情感皆在这无声的举动之中得以传递。

2. 鼓励与信任的话

一些孩子当前确实面临着一些问题与状况，但我们实在无须过度担忧、恐惧与害怕，因为这些负面情绪并无实际意义，并不能帮助孩子解决问题。孩子其实也在为未来而忧心忡忡，内心纠结于是否该去上学，深知如此混沌度日毫无价值，他们内心充满了恐惧。尤其是在互联网时代，孩子或许也会通过网络查询心理疾病相关信息，也会不自觉地对号入座，从而背负上沉重的心理包袱。所以，此刻家长给予孩子恰当的疏导与引导，帮助他们以更淡然、平和的心态看待一切，这非常重要。然而，如果我们的引导仅仅是泛泛而谈，诸如"这病肯定会好的，我相信你"之类的空话，那是毫无用处的。为什么这类话是毫无用处的？因为这类话语太过笼统，缺乏足够的说服力。

那么，我们究竟该如何表达才比较恰当？可以这样告诉孩子："宝贝，妈妈清楚你并非不上进，也不是不想变得更好。你目前只是遭遇了一些困难与困境，暂时还未能妥善应对。妈妈也深知你的痛苦，倘若你感觉难以承受或坚持不下去了，一定要告诉爸爸妈妈，我们愿与你携手共进。我们可以一起调整状态，绝不会责备你。妈妈跟你说这些，是希望你不要过分自责，这不过是人生旅程中的一个阶段罢了。我们一起调整，等你状态恢复，相信你可以奋起直追。孩子，每个人都拥有强大的修复能力。哪怕生活中遭遇再多的挫折与风浪，那些看似难以愈合的伤口，都会在时光的沉淀和自我的努力下慢慢恢复。只要不懈努力，你将会成长为一个强大的人。"这样说的目的在于，让我们的话语饱含温情与力量，使孩子真切感受到坚实的依靠。此刻的孩子就如同出海归来的船，需要修复破损或需要增加补给，家就是温暖的港湾，孩子归来后能在此处得到休整与修缮，而后再次扬帆起航。

我们与孩子交流沟通的目的在于为他点亮希望之光，让他坚信自身的未来充满无限可能，可以毫无阻碍地前进。让孩子明白当下所经历的一切，仅仅是漫长人生旅途中的一个小小阶段，当下他所面临的挫折不过是微不足道的一件小事。在未来，他必定能够主宰自己的命运，成为生命的强者。

孩子乐观的心态、细致入微的品质，以及所拥有的具备奉献精神、责任心与努力奋斗的决心，心怀善意、乐于助人这些品质才真正关乎孩子的未来。因此，我们应引导孩子更多地聚焦于这些对其未来发展有益的素质。

二、家长在与孩子沟通时的注意事项

需要注意的是，这个阶段与孩子的沟通方式，与日常或普通的沟通截然不同。由于处于这一时期的孩子内心受伤且极为敏感，故而在此给大家提供几点建议。

1. 六个"不要"

六个"不要"指的是不要引导、不要教育、不要反驳、不要批评、不要解释、不要建议。归结起来就是四个字——放下自我。

家长存在的最大问题是什么？那就是总是企图干预孩子的行为、影响孩子的想法、改变孩子的状态。家长的出发点是好的，这一点毋庸置疑，然而大家千万不能忘了，在这个世界上，我们真正能够改变的其实只有自己，而非他人。

我们与孩子沟通交流的目的是什么？是要建立起良好的亲子关系，让孩子做好接收的准备，只有这样，他才能真正接收到我们给予他的东西。我们期望的是让家庭氛围变得更加和谐，让孩子能够更加快乐地成长，可以按照正常的流程去学习、去进行社交活动。

我们千万不能忘了这个目的。要是一上来就想着去改变孩子、去教育孩子，那就意味着交流还没真正开始，就已经宣告结束。要知道，交流就是单纯的交流，不要夹杂引导的意图，也不要进行说教式的表达。

而且在交流的过程中，即便孩子出现了情绪波动，或者他的认知与你有所不同，又或者他的观点、做法存在不妥之处，你也不要急着去反驳孩子、批评孩子，或者一股脑儿地给孩子提出一大堆建议，因为这是毫无意义的。一定要记住，倘若没有建立起良好的关系，孩子没有那种渴望接受你意见的需求，那么不管你给孩子提出什么意见，他都是听不进去的，他也压根不想去付诸实践。

此外，此时孩子的能量处于比较低的状态，思维也是相对消极的，他的认知还没有完全处于接纳的状态,即便家长的话是正确的,即便家长将事件从多个维度分析给他,也不会产生任何效果。因此,大家务必明白且牢记,在与这类孩子交流时,最为关键的要点在于放下自我,不要以自我为中心。

什么是以自我为中心呢?就是无法舍弃自己的执念,总是强调自身的观点。放下自我,不需要运用过多的逻辑推理,也不必堆砌大量的道理,甚至无须展现出多么高深的专业素养,更不必强行灌输繁多的个人看法。只要家长能够激发孩子开口表达,并且做到认认真真地聆听,那么实际上就已经化解了大部分的难题。倘若孩子愿意向你倾诉心声,那么可以说你已经摸到了解决问题的钥匙。

2. 沟通的原则——顺着来

顺着来即顺势而为。为何要顺着来呢?很简单,孩子说什么,我们便随之附和,他表达何种观点,我们就顺着其思路往下说,站在他的立场发声,为他说话。

例如,他说生活没意思,活着毫无意义,你可以回应:我也曾在某个阶段有过相同感受,觉得活着没意义,毕竟人在成长过程中都难免会经历这样的时期,就像古人说的"少年不知愁滋味,为赋新词强说愁"。

当孩子抱怨老师不好时,家长需要特别注意沟通方式。这时切不可直接为老师辩解,不要一味地替老师说话,更不能急于去引导孩子树立所谓正确观念,比如讲"老师也不容易"这类话。因为孩子原本就心情郁闷,如果听到家长这样说,会瞬间觉得家长站到了自己的对立面。这不仅无法缓解孩子的情绪，还可能让孩子更加抵触。

家长此时要做的是先倾听孩子的抱怨，给予充分的理解和共情，附和孩子的感受，适度承认老师在一些方面或许确实存在不足之处。但附和并不意味着完全认同孩子对老师的所有看法，而是要让孩子感受到家长是站在他这一边，理解他的委屈的。在孩子情绪平复后，家长再以平和的态度引导孩子从不同角度看待老师的行为和教学方式，帮助孩子学会理解和包容他人，这样既照顾了孩子当下的情绪，又能引导孩子正确处理与老师之间可能存在的矛盾，促进孩子的心理成长。

或许会有家长提出疑问："老师，我的孩子如今说话极为极端，比如声称想要毁灭世界，难道我也要顺着他说吗？"这里需要分清，顺着来并非顺着他的想法，而是顺着他的情绪，一旦情绪理顺了，他便不会走向极端。我们要做的是传递出一种让他感受到被支持的信号，如此一来，他的不良情绪得以平复，想法自然而然就会变得理性许多。孩子会说出恶毒的言语，和他处于强烈的负面情绪下有关，我们要解决的并非他言语的内容，而是他的情绪。所以家长们务必记住，不要在情绪之中解决问题，一旦察觉孩子正处于情绪里，首先要做的便是平复其情绪，使其恢复理性。如果想解决情绪问题，家长说出的每一句话都不应引发更多的负面情绪，要以温和、理解的态度与孩子沟通。

再次提醒大家，在做任何事情的时候，都不要急于去反驳孩子，更不要去打压孩子，切不可让孩子产生气不顺的感觉，因为那样他们更容易走向极端。很多问题往往就是在话语相互冲撞、情绪彼此激发的过程中产生的。许多悲剧的发生可能仅仅就是一句话、一个眼神,甚至是一个错误的行为导致的。不要急于去改变孩子,而是要先顺着他们的情绪来,等把他们的情绪理顺了,亲子关系改善了,再在日常生活中循序渐进地渗透和影响,一点一点地扭转他们的思维、想法和行为。

三、如何处理突然陷入僵局的亲子关系

要是亲子关系突然陷入了僵局,家长究竟该如何与孩子相处呢?在此,有三点建议可供参考。

1. 不要病急乱投医

很多家长在遇到这种情况时,往往会四处寻医问药,寻求各类咨询,但实际上,对这种亲子关系陷入僵局的状况,即便寻求再多外力帮助,往往也收效甚微。而且,这种时候家长很容易被别有用心之人利用,甚至遭受欺骗。有不少人就是瞅准了那些深陷困境、实在无法自行解决问题的家长,然后以帮助解决问题为由收取高额费用,做所谓的个案处理。可最终孩子的问题依旧搁置在那儿,毫无进展,并且家长自身也未能借此实现成长与提升。

亲爱的家长们,请记住这句话:依赖是这个世界上最大的敌人,最终能够依靠的只有你们自己。解决问题的方法虽有诸多,但依靠自己而非他人,这是唯一的路径,毕竟谁也无法替代父母的角色。

2. 自己保持好的状态

试着将孩子的问题先搁置一旁，家长自己每天保持开开心心的状态，做自己的事情，孩子愿意做什么就让他去做，不要急于没话找话或者强行搭腔。

3. 与孩子保持一定的距离

很多时候孩子出了问题，是需要有一段独处时间，让自己想清楚状况，发泄情绪的。而家长总是急切地想在第一时间就去陪伴他、帮助他，想着如何让他从困境里走出来，怎样帮他解决问题。

我们身为父母，有这样的思维，动机无可指摘。但关键在于，谁才是这个情境中的主体呢？是孩子。事实上，此刻孩子并不想和我们交流。不管我们用何种方式去安慰，或者采取何种手段去处理，孩子基本上都是持排斥态度，压根不听我们的。

在这种时候，家长最为妥当的做法就是和孩子保持一定的距离，让孩子先静下心来，自己消化情绪。在家里，要给他营造出一种既不孤单，又较为清静、自在的氛围。不要让孩子产生这样的感觉：自己不上学了，又不理家人了，结果全家人就像疯了似的，家里乱得一团糟。要是这样的话，孩子也会自责。

家长该上班就去上班，也要多出门走走。如果因为烦心而总是待在家里，那种压抑的能量、痛苦的情绪也会让孩子厌烦。

至于少说话这方面，我的建议是，别急着主动凑上去找孩子说话，不妨等着孩子先开口。要是到了吃饭的时候，最多就叫孩子一次，清楚地告诉孩子饭放在哪儿了，让他抓紧时间来吃，这就够了，千万别再说第二遍、第三遍。家长要始终保持良好的状态，比如温和、接纳、勇敢的状态，脸上带着和蔼可亲的表情就可以，别让孩子觉得是他导致全家出现了严重的问题。

总而言之，在孩子不愿面对我们的这个阶段，我们要尽可能地先让孩子自行去消化所面临的状况。在此期间，千万不要妄图去干预孩子的行为，也不要试图去改变他的想法，更不要找一大堆人对他进行劝服。暂时先不去过多关注孩子当下的状态和情绪，给孩子创造一个相对温和、温馨安静的家庭环境就够了。如此一来，孩子的情况就会慢慢有所好转。等到孩子的状态好一些了，愿意面对我们了，我们再和孩子展开有效的交流。

全面准备，平稳度过复学适应期

当孩子处于成长探索阶段与复学恢复阶段，已经萌生复学念头或者想要探索未来规划时，我们该做哪些具体的助力准备呢？家长必须要有一个精准的判断——孩子现阶段是否已经到了适合复学的时机？这一点极为关键。家长一定要弄清楚，不能仅仅因为看到孩子在家状态良好，或者彼此信任度有所提升，就理所当然地认为孩子理应复学。千万不可将我们的意志或想法强加于孩子，以免之前的所有努力付诸东流。

即便在此阶段孩子主动提出愿意去上学，我们仍需退一步加以观察。因为一旦复学过程出现反复，比如复学后又休学，那么未来再次复学的难度将会呈几何倍数增长。所以关于复学一事，大家一定要慎之又慎。

一、孩子满足复学的两个要素

一般来说有两个要素必须全部满足，缺一不可。

1. 孩子必须有强烈的复学意愿

请注意，强烈的复学意愿必须是孩子自愿的——孩子认为自己必须去上学。至于那种勉强能去学校或者想去又不敢去的这些情况，说明孩子其实并没有完全做好复学的准备，建议大家先别着急让孩子复学。

学习不是一件轻而易举的事情，对于那些在学习方面遭遇过挫败、受到过伤害的孩子来说更是如此。正常的孩子面对常规的学业尚且会承受诸多压力，更何况我们的孩子呢，他们所遇到的压力很可能不止这些。当孩子有复学意愿却不够强烈时，他能坚持多久呢？他又能否完全扛得住呢？因此，孩子的意愿程度、信心是极其重要的。家长千万不能依照自己的意愿擅自为孩子做决定。只要孩子自己不提复学这件事，我们甚至都没必要去询问，因为即便问了也没太大意义，说不定还会对孩子造成二次伤害。

2. 具备复学的能力

很多事情并非我们想做就能顺利做成，还需要具备相应的能力。因此，我们需要考察孩子目前是否具备相关能力。

一是社会交往能力。人是具有社会属性的个体，彼此之间相互依存，谁都无法脱离各种人际关系而独立存在。很多孩子在家封闭的时间实在是太久了，也就是独自待着的时间过长，倘若让他置身于一个人员众多的环境里，他就感觉难受，浑身不自在，甚至觉得焦虑、心慌气短，还会给自己贴上"我有社交恐惧症""我是社恐"的标签。有的孩子在家时，哪怕只是想到要与同学相处都会产生躲避心理，显然他暂时还不具备复学的条件。家长要明白，有些孩子正是由于人际关系处理不当，或者缺乏社会交往能力才引发休学、辍学乃至抑郁等状况的。所以，在孩子准备复学前，家长务必要锻炼孩子与人交往的能力，让他逐渐适应人员众多的环境，并且在这种环境里逐渐感到自在，找到信心和归属感。

二是应对躯体化反应的能力。所谓躯体化反应，就是孩子一旦处于学习环境中，就会出现诸如恶心、想吐、手抖、心慌气短、肚子疼等症状。倘若这些问题依旧存在，那么我们得着手去解决。具体做法是先在家中帮助孩子彻底摆脱这些困扰，消除其内心的恐惧，接着适当地安排他与同学见面交流，或者在学校周边走走逛逛，直至他能够确定自身已无大碍，这时再复学便较为妥当。

三是遵守规律作息时间的能力。孩子的作息是否正常十分关键，许多孩子经历了较长时间的居家生活后，早上难以按时起床。有一部分刚复学的孩子，由于突然改变作息，无法顺利调整而感到难以适应，仅仅去学校几天就又放弃了，自信心也受到打击。所以，在正式复学之前，我们就应该尝试按照学校的作息时间来安排生活，让孩子先去适应，等到确定完全适应且没有问题之后，再前往学校。

四是调整情绪的能力。有些孩子可能存在认知扭曲的情况，看待问题比较片面且缺乏灵活性，一旦事情的发展不符合他们的心意，他们就会陷入纠结、痛苦与烦恼之中。家长需要审视孩子是否拥有宽容、理解和包容的心态，在看待事物时是否变得更加积极乐观，遇到问题时是否具备足够的弹性。尤其是面对曾经令他难受的话题时，他能否转变思维、快速调整过来。倘若孩子能够灵活应变，以更理性的态度看待各类问题，这便表明他确实已经具备了一定的情绪调节能力。

由此可见，复学虽仅仅只是两个字，但其涉及的是一项规模不小的工程，需要我们全方位考量诸多问题，绝不能仅凭主观臆断，觉得孩子状态有所好转、亲子关系趋于和谐，就仓促决定让孩子复学。而且，即便上述各项准备工作均已完成，在孩子重返校园的初期，我们仍应以帮助其适应为主，切不可对他提出过高的目标要求，更不要执意将孩子送进重点班或者所谓的最好学校。因为一旦孩子在这些高压力环境中屡屡遭受挫败，其自信心将会遭受更为严重的打击，这会使他适应复学环境的难度大幅增加。

二、孩子复学，家长要做的准备工作

当孩子确实有复学的强烈意愿，且各方面准备工作也基本就绪时，家长又该如何应对呢？实际上，每当走到这一关键阶段，不仅孩子会对自身能否顺利适应校园生活忧心忡忡，家长同样也会担忧孩子复学后是否会再度退缩。毕竟，一旦孩子再次退学回家，那么复学之路将会越发艰难险阻。

首先，请家长们务必记住，孩子能够复学，对他来说无疑是人生中一次极为重大的突破。这是他人生中的一次华丽蜕变，是非常难能可贵的，我们应当对他的这一决定给予充分的肯定和由衷的赞赏。

其次，对于复学后可能出现的种种状况，我们需要提前做好规划。要考虑孩子在复学期间可能会遇到的各种情况，并且针对这些情况进行模拟演练。

我曾经接到一个辍学孩子的电话，他复学以后对于考试成绩总是耿耿于怀，因为他觉得自己没有达成内心所期待的成绩。我告诉他，考试只是告知我们在学习知识层面上哪里有不足，知道了不足就能去弥补，但绝不是告知我们这个人太差劲，这个人没有未来，所以没有必要因为学习成绩不好而痛不欲生。

然后他又说，感觉自己跟不上学校的节奏。我告诉他，我们不需要完全按照学校的要求去做，毕竟每个人的状态不一样，相应地，进度也会不一样，而且每个人的学习进度与实力都是有差异的。我们没必要和任何人去作比较，只需按照自己的节奏，做到一天进步一点点就行，只要每一天都能有所进步便足够了。

我为大家总结了以下几点重点内容，需要大家特别关注。

1. 考试与学习方面

需特别留意的是，孩子往往都是先在学习上遭遇困境，而后才引发了各种各样的状况。孩子复学之后，最先需要直面的必然是学习上的难题，他难免会担忧功课落下太多难以跟上进度，因此会考虑重读。

然而，他又会纠结于重读没面子，以及能否结交到朋友等一系列困扰。实际上，我们可以率先为孩子罗列出来复学后在学习方面可能遭遇的各类问题，接着倾听孩子内心的担忧与见解，以此来判断孩子是否能够坦然面对或者妥善处理这些问题。此时，我们需要为孩子重新梳理并制定一个非学习方面的目标，告诉他只要能够踏入学校、走进班级，他就已经成功了，就战胜了自己。此刻学习并非首要之事，关键在于社交层面。他进入校园环境中，就等同于解决了社交问题，毕竟此前他不敢去学校，如今能够迈进学校，就意味着取得了胜利。

之所以要向孩子传递这样的理念，是因为回到学校后，孩子不仅要应对学习，若更换了班级，还需要适应全新的环境、全新的作息时间，结识新同学，适应新节奏，社交问题会先于学习问题摆在他面前。我们要告知孩子，只要能够适应一周时间便是成功，一周之后再去思考如何适应学习。也就是说，先适应环境，而后再适应学习。当然在此过程中，我们也可以为孩子制定规划，将其划分为多个小阶段，细化到每一天，如此便能较为轻松地实现目标，让孩子真切地感知到自己的成长与进步。

与此同时，我们还需要给孩子设立一些激励机制。例如，孩子成功适应一周后，我们可以带着孩子去庆祝一番，带孩子出去游玩或看一场电影。再如，为孩子制定一个小目标，孩子在三周内达成这个目标，我们就满足他一个小心愿。这样一来，经过一段时间，孩子肯定会慢慢适应复学后的生活。这不仅是孩子的成功，也是我们的真正胜利，就好像成功渡过了一个难关。我们还要重新激发孩子的学习动力，为孩子的学习注入能量。

千万不要采取哪里不行就补哪里的做法，必须做到系统化。家长意识、认知和观念的不断提升，伴随着孩子知识体系、认知体系的持续提升，我相信你们的家庭一定会呈现出新的面貌。

因此，我们务必要提前进行预演，由家长和孩子一同参与，将上学过程中有可能遇到的各类问题一一罗列出来，然后制定出一套应对攻略，也就是家长和孩子要一起做好排除这些问题隐患的准备，如此这般，再去开启上学之旅，就如同做好准备后再上战场一般。

2. 孩子要慢慢适应学校生活

面对新环境，绝大多数人都需要一个适应的过程。孩子已经脱离学校有一段时间了，复学后肯定会存在一些不适应的状况。所以在刚开始的时候，我们不需要要求孩子完全按照学校的规定，正常上学、放学，正常写作业。可以和老师、学校进行沟通，比如先让孩子上一天课，或者只上半天课，这样能给孩子提供更多的缓冲时间，让孩子慢慢适应学校生活。

对于学校布置的一些作业或者安排的一些考试，孩子也可以依据自己的意愿和能力，一点一点地去适应。如果孩子在这个阶段过于疲惫，就让孩子适当地放松。简单来讲，在复学的早期，应尽量以让孩子适应学校生活为主要目标，而不必过分强调学习本身。

3. 同伴关系及师生关系的处理

同伴关系及师生关系是导致孩子复学失败的极为重要的因素，针对这个问题，我们可能需要开展大量的工作。

尤其在老师这方面，我们要竭尽全力争取所有任课老师的支持，期望他们能够对孩子多给予鼓励与理解。要是条件允许的话，我们可以请求班主任为孩子安排一个热心且善良的同桌。孩子刚复学回到学校，他会觉得自身存在问题，仿佛是个异类。如果他一回校就能得到老师与同学的接纳，那么他在学校里就会更加安心。

当然，学校不是我们能完全左右的，如果家长在这方面做不到，也不要那么偏执，不要强求。除了老师，我们也可以找几个我们熟悉一点的家长，请他们的孩子帮忙带带我们的孩子。如果孩子一回去就能赢得一两个好朋友，这对他留在学校有非常大的帮助。

4. 家长的接纳工作不能松懈

很多家长存在这样的情况，只要看到孩子状况一好转、一复学，就迅速恢复到过去的状态，各种想法、期待、干预和要求一股脑儿地冒出来。这种做法必须立刻停止，绝不能再如此行事，因为这么做只会让孩子彻底绝望。此刻的孩子并没有那么坚强，至少在学习方面，他们还未曾获得足够多的收获感与成功体验。若家长突然变回原来的样子，不仅会给孩子施加过大的压力，也会让孩子觉得家长太虚伪、太假，甚至会丧失继续待在当前环境中的欲望。

实际上，我们不但不应抱有过多期望，反而要能够妥善承接孩子从学校带回来的各类情绪。我们还需要帮助孩子持续排解内心的各种压力，一点一点地消除孩子那些负面的认知，唯有如此，我们才能助力孩子一步一步地稳步向前发展。

以上四点注意事项已经详细地呈现给大家了，还请各位家长务必重视复学前的各项准备工作。

当然，家长们也不要认为复学过程过于复杂。在复学过程中有可能出现种种状况，就如同万里长征一般。常言说行百里者半九十，不过我们会发现，爱具有无比强大的力量，是可以战胜一切困难的。当孩子内心拥有源源不断的力量时，从中滋生的勇气便能助力他跨越重重难关。

多元选择，探索孩子未来多种人生道路

当孩子步入成长探索阶段时，他们其实已然无数次地对自身的人生、未来及出路进行过思考。在当下这种状态，孩子的内心始终处在焦虑之中，不断地思考自己究竟能做什么，还能不能重返校园读书，或者自己是否有其他的发展途径，以便在社会中体现自己的价值。

一般来说，休学后的孩子大致会出现两种情况：一种是选择回到学校继续读书，至于复读的效果如何，则是另外需要考虑的事情；另一种是自己再也不回学校读书了，起码在短期时间内，不想和学校产生任何关联，而是想到社会上闯荡一番。

绝大部分家长还是希望孩子能够重新回到学校读书的。然而如果孩子暂时难以返校，我们要么需采取迂回策略以达成目的，要么要综合剖析孩子当下状况与未来发展的关系。

一些孩子曾经遭受过较深的伤害，由此对学校、老师极度厌恶，

根本没有返校读书的想法，甚至一生都不愿再面对学校和读书。他们可能已经在心中反复斟酌了无数次对于未来的规划，并且所有规划都排除了重返学校读书这一选项。这无疑是孩子自身最为痛苦之处，亦是家长深感揪心的根源所在。

有家长向我咨询，孩子休学有一段时间了。家人与他沟通后，发现孩子没有回学校读书的意愿。孩子喜欢打游戏，看到电竞比赛后，产生了从事游戏陪练工作，或者参与专业游戏竞技及其他竞技活动的想法，家长询问是否应该支持孩子的这一想法。我认为可以让孩子尝试一下。毕竟孩子在家待的时间过长，只要他能步入社会、融入人群，就是一种主动融入和社会的行为，对孩子而言，这也是一种成功。不过，也需要让孩子清楚地了解电竞行业，这一行业对从业者的反应速度、团队协作能力等有着较高要求，并且职业前景存在一定的不稳定性，可能面临高强度训练等困难。

或许有家长认为这不是正途。但也不必急于否定，不妨让孩子去尝试一番，使其与社会有所接触。在这一过程中，如果孩子遇到挫折、痛苦，那也是促使其成长、使其心智更趋成熟的必经阶段。

为什么很多孩子一旦遭受苦难、挫折、痛苦或伤害便一蹶不振？原因就在于孩子在成长的过程中被保护得太好。我十分理解家长的心情，但是家长要知道，孩子在某些时候的表现并不意味着他毫无未来可言。

很多家长最为突出的问题在于不愿让孩子经历失败，也不想让孩子尝试和体验各种可能，还总是以自己看待社会的视角去看待、评判未来的职业发展。不得不说，近几年科技发展速度实在是太快了，像 AI（人工智能）等技术不断涌现，一些我们目前能够从事的行业，说不定过几年就会被新兴技术替代。

所以，我建议家长，不管孩子想要从事何种合法合规的职业，都不要轻易地认为觉得没有前途或者不好。相反，只要孩子有自己的想法且正当合理，我们就要鼓励孩子，支持他勇敢地尝试。

孩子在成长的过程中，只要处于有事可做且与人接触的状态，他的认知、思维、精神状态及心智都会得到不同程度的提升。毕竟当下孩子的状态是比较消沉的，整个人被负面思想束缚，他对自己的评价不会太高。面对这些情况，我们先要鼓励他把自己想做的事情付诸行动，逐步提升自我觉知、感知能力、自我价值感，以及在与人互动过程中收获自信。哪怕孩子确实无法再回学校读书，至少他在接触社会的过程中，已经开始慢慢地成长了，这也是一件好事。所以，家长不要过于较真。在某些情况下不走寻常路，或许会得到不寻常的成果。

一、孩子不愿意寻找出路的原因

有些孩子长时间待在家中，甚至长达数年，既不愿返校上学，也不愿寻找其他的发展出路，似乎已经习惯了这种状态。

根据多年的经验，我认为其中主要存在两方面的原因。

1. 孩子自身原因

很大一部分原因在于孩子对学习较为纠结，难以释怀。长久以来，学校、家庭和社会不断向孩子灌输"读书是唯一正途"的价值观念，这使得孩子认定了只有通过学习才能拥有好的未来。然而，现实给了孩子沉重的打击，他们在学习上力不从心。在这样的矛盾下，孩子开始觉得自己毫无前途可言。

还有一些孩子内心并不想放弃学习，甚至对自己要求颇高。然而，当真正要付诸行动时，他们要么缺乏行动的意愿，要么因能力不足而无法完成学习任务，久而久之，也陷入了学习的困境并选择放弃。

2. 家长的原因

诸多家长对于孩子不能上大学，不能上好大学，始终无法全然释怀。依据多年积累的案例数据，我们经过分析发现，那些成功帮助孩子走出困境的家长，都具备一个共性，即完完全全接纳孩子当下的状况，内心毫无任何期望与奢求，他们所做的一切学习与努力，目的仅在于促使自身成长，而非试图改变孩子。简而言之，就是家长要完全接受孩子目前的状况。倘若我们仍在想尽办法让孩子去达成我们期望的目标，那么确实需要进行深刻的反思了。

我们不妨思考一下，孩子上学这件事为何显得如此重要？它究竟在满足谁的期望？又是谁将自身愿望寄托于孩子身上却未得偿所愿呢？尤其那些本身从事教育行业的父母，出于种种缘故，确实很难做到放下对孩子学业的那份执着。并且，学历越高的家长，往往越难放下。

唯有家长先学会放下，才能助力孩子彻底释怀。迅速地恢复状态，重拾信心与活力，探寻适合自身的发展道路。

二、家长如何帮助孩子探索人生道路

1. 家长要提升自己的认知

人与人之间的差别究竟在哪里？这既不在于学历、能力的高低，也不在于知识的积累与储备程度，而在于认知的差异。我接触过一些悟性极高的家长，他们不一定有很高的学历，但具有极强的执行力。一旦得知一些有效的方法，他们就能抓住重点，并且根据孩子的实际情况应用这些方法。

然而，也有一些家长执念太深，非要寻找一套所谓的能够帮助孩子的课程或理念，然后紧紧揪住孩子读书这件事情不放手，一定要把孩子的想法扭转过来。他们往往在与学习相关的内容上投入了大量的时间，耗费了巨大的精力，他们潜意识里那些根深蒂固的观念难以放下，认为孩子耽误了学业，仿佛是被自己"废掉"了一般，所以他们在孩子学习的事情上过分执拗，想方设法要给孩子补上功课。

但我们不能仅仅着眼于现象或表面，还应当深入探究未来的趋势和孩子现有的特质。我们绝不能人云亦云，随波逐流地行事，否则会陷入一种困境——始终觉得自己的选择不够正确。于是，我们便不停地替孩子做出各种选择，导致孩子失去了选择的权利与能力。所谓的放下，也不过是一种无奈之举，并非内心真正坚信孩子即便不遵循传统道路也能在未来有所作为，相信孩子踏入社会后定能顺利发展。虽然从表面上看，某些行为或许相似，但其背后的内在能量有着天壤之别。我们必须清楚认识到自己最初的动机。真正意义上的放下并非出于无奈的被迫之举，而是源于我们更为高远、深刻的认知，源于能够以更为豁达、智慧的心态去看待孩子的成长与未来。

最初的动机在很大程度上左右事情的最终结果。作为家长，我们如果相信自己的孩子是拥有美好未来的，就会真正做到欣然接受孩子的一切。在这种情况下，我们自身的积极能量就会把孩子从纠结的困境中拉出来；如果我们的接纳是被迫的，是带着无奈与无助的情绪接纳的，我们的内心就会充满怀疑。如此一来，我们便会不停地寻找新方法、新方案，试图解决孩子面临的种种问题。但往往这种状态下的努力，效果并不会太理想，因为内心的犹疑说不定会在一定程度上影响我们给予孩子的支持力度和引导效果。

需要牢记的是，解决人的问题关键在于攻克心智与认知层面的障碍，而非单纯依赖技巧。倘若你的内心被怀疑等负面情绪所困，即便口头上宣称已全然释怀，但你的姿态、能量状态、眼神、表情和行为都会出卖你，实际上你是在自我蒙蔽、欺骗孩子。

还有一部分家长，在家庭教育的学习历程中涉猎诸多课程后，得出结论是原生家庭出现问题，认为原生家庭存在的瑕疵致使自身产生问题，进而引发孩子的问题。于是一头扎进深度自我疗愈当中，每每开口便提及原生家庭的种种弊病，坚称需先疗愈自身，而后才能引领孩子成长。然而，过度聚焦原生家庭问题，可能会忽略当下实际情境中与孩子互动的关键要点，以及对孩子直接有效的引导与支持方式的探索。

反过来思考一下，人生在世，又有谁能够一路顺遂、毫无波折地成长呢？几乎每个人都是带着一身的伤痛，却依然努力地绽放笑容，坚定地朝着前方迈进。又或者说，哪一个看似光鲜亮丽的人，在褪去那层外在的伪装之后,不是伤痕累累呢?我们无法选择自己的父母,也无力左右父母曾经对我们实施的教育方式,但这并不意味着我们就要被过去束缚。我们应该积极承担起对孩子正确引导与教育的责任,而不是一味地在受害者的角色里徘徊不前。

不管发生什么事情,我们都要更加努力地去成长,竭尽全力地提升自己的认知水平,用心学会承担应尽的责任,并且把那份正确的爱、良好的家风稳稳地传承下去。

2. 挖掘孩子的潜能

当我们的认知获得提升之后,会发现深度挖掘孩子的天赋潜能是一件极为重要的事情。一旦精准地找到孩子的潜能,就要对其重点培养。任何事情只要符合孩子的天性,只要孩子发自内心地愿意研究,并且家长能给予他一定的支持,依据一万小时定理,他在该领域崭露头角的概率将会大大增加。

所以,在与孩子相处的过程中,家长务必要着重强化对孩子优势的洞察与发现,让孩子重拾信心,不要因为辍学在家、远离校园而自我否定,甚至认为自己一无是处。如果孩子能够坚信自我,精准地找寻到自身的爱好与天赋,并且对其满怀热忱、深入钻研,持续不断地将自身优势放大,那么他所能展现出的优秀程度会超出我们的想象。

我们坚信在孩子面临的诸多选择中,必然存在一个对其人生极为关键且意义非凡的选择。在这个基础上,如果我们还能充分结合孩子的天性和优势精心地培养,那么他恢复元气和重拾信心的速度就是惊人的——他不但能迅速找准自己的人生方向,而且在追逐梦想的过程中，会全力以赴、心无旁骛地专注目标。而这其中最为关键的要点在于我们要有能力向孩子传递力量、信念与信心，要能与孩子建立彼此信任、亲密无间的良好关系，让孩子把我们视为并肩作战的战友，而非相互控制、彼此牵制的对立角色。

在成长的道路上，家长和孩子相互扶持，不离不弃，携手同行，相互成为对方的力量源泉，确保大家都不掉队。即使孩子偶尔会有退缩或放弃的念头，家长也要始终陪伴在孩子身边，不要停下脚步。这就是我们能够给予孩子最为深沉、真挚的爱。

三、鼓励孩子走出去的具体操作

各位家长，如果你能够鼓励这类孩子勇敢地走出去，请关注以下具体操作中的注意事项。

比如，有一个孩子想做美甲师。家长首先要肯定孩子的想法，其次可以把这件事情拆解成几个不同的阶段：孩子，你想做美甲师，我们要去了解美甲这个行业，到哪里学习，找谁学，怎样参加培训，要学习哪些应知应会知识，还有什么其他注意事项，等等。每一个阶段都可以按照从易到难，逐步推进。每实现一个小目标，孩子的获得感、自信心和能力也会随之提升。

水滴石穿需要日积月累。激活孩子的学习动力，确立学习目标同样如此。在一开始就要持续不断地肯定孩子，时刻留意他的收获，密切关注他的进步。

家长对此要有足够的耐心，最终的目的就是要让孩子亲眼看到自己的成长。在这一过程中，他自然而然地就会逐渐提升相应的能力，也会树立信心，他的认知范围也会一点一点拓宽，逐渐趋于成熟，他会发现其实自己可以选择的路径是非常多的，他就会感到开心。无论孩子选择做什么，我们都不能让他陷入自我否定之中，不要让他认为自己好像做什么都会一事无成，而是要让他感觉到其实自己还是很有潜力的，可以尝试很多的事情，可以做很多体现自己价值的事情。不管孩子有什么想法，都要给予他支持，并且始终向他传递一种信念：在他产生每一个想法并付诸实践的过程中，我们会始终陪着他一步一步地向前走，让他坚定信心，相信自己。

齐心协力，家庭共同支持孩子勇敢前行

在从事家庭教育工作的过程中，我们见过太多家庭所经历的痛苦。尤其是当孩子出现不上学的情况时，整个家庭往往都被焦虑、压抑甚至绝望的情绪笼罩。而实际上当家里有休学的孩子时，全家人需要保持积极、理解、包容的心态，并且要齐心协力，才能共同渡过这个难关。

但在现实中，遇到孩子休学的情况，大部分家庭很难做到齐心协力，这也是造成许多家庭痛苦的原因之一。每个家长都有自己的观点、想法，也都在尝试各种各样的办法。有些家长接触了家庭教育知识，学习了很多科学的课程，然而问题在于学了并不意味着能够发挥作用，只有把学到的知识真正运用起来、并且有效果，这些知识才能真正地起到作用。

在实际操作的过程中，这些知识的效果常常会受到家庭内部的影响，如夫妻关系不和睦，或者其他家庭成员、亲戚朋友的干扰等。比

如，你好不容易处理好自己和孩子的关系，孩子的状态也逐渐好转，结果配偶却因为某件小事把孩子狠狠地骂了一顿，或者严厉地批评了孩子，一下子就使孩子的状态回到原点。这种情况很常见，常常是夫妻双方中的一方努力学习家庭教育知识并且付诸实践，另一方却埋怨这一方的学习和努力，指责这一方学了那么多，孩子还是没有变好。而且，另一方可能因为一点小事情就批评或者责骂孩子，甚至还会对孩子说"你妈妈（或爸爸）每天不务正业去学那些课程，花了钱不说，你还不争气，没有一点效果"之类的话。

还有一种情况是，有的家庭夫妻双方配合得还不错，但是家里的长辈或者其他亲戚认为不能这样惯着孩子，便在一旁提各种意见，指手画脚。长辈对这个家庭的夫妻双方和孩子都施加压力，嫌弃这也不行，那也不对，甚至直接对孩子采取一些不合理的干预措施，导致亲戚也觉得这对夫妻在教育孩子这件事情上很失败，把孩子惯成现在这个样子，以后会出现各种棘手的状况。

一、改善家庭关系的方法

遇到这种情况，我们可以采用下面的一些方法让家庭环境变得和谐，以有利于孩子的恢复和调整。

夫妻双方要保持良好的沟通，在教育孩子的理念和方法上达成共识。如果一方在学习家庭教育知识，应该和另一方分享这些知识的重要性和实用性，尽量让对方也能理解并支持自己。例如，可以找一个合适的时间，心平气和地对配偶说："咱们都很担心孩子，我学习的这些家庭教育的内容，确实有很多能够帮助孩子恢复的方法，我希望咱们一起尝试，这样孩子才能更快地好起来。"

对于家庭中其他成员的干扰，夫妻双方要达成一致，委婉且坚定地向他们表明自己的态度和立场。可以找机会向他们解释孩子现在的状况，比如："我们知道你们是为孩子好，但是孩子现在比较敏感，我们正在用一种更科学的方法帮助他恢复，希望你们能理解和支持我们，暂时不要给孩子过多的压力。"同时，在家庭内部创造一个相对稳定、和谐的小环境，避免孩子受到过多外界的负面干扰，让孩子在这个小环境里感受到安全、理解和支持。这对孩子的心理恢复和状态调整是非常重要的。

在孩子成长的过程中，有一点我们必须明确，那就是父母一定是第一责任人。除了父母之外，不管其他人与孩子关系多么亲近，也不管他的教育理念对不对，他都没有权利直接对孩子进行教育。他如果有什么想法或建议，应当先与孩子的父母沟通，经过共同协商决定了才能行动。

当孩子休学、辍学，甚至把自己封闭起来时，他的状态已不同于往常，此时的他相当脆弱，正处于自我保护期，就如同一只刺猬。靠得太近，他会出于自我保护而"扎"人；离得太远，他又会瑟瑟发抖，显得格外孤独。所以在这个时候，我们绝不能再让孩子受到任何刺激，父母能做的就是慢慢调整自己的方式，给予孩子耐心的陪伴。

如果父母双方的长辈要介入孩子的教育，就要遵循"谁的父母谁去沟通处理"的原则。若是男方的父母，那就由爸爸负责和爷爷、奶奶沟通；若是女方的父母，就由妈妈负责和姥姥、姥爷沟通。在沟通时，可以先对长辈的好意和付出表示感谢，然后向他们说明，孩子的问题是由我们这个小家庭引发的,所以必须由我们自己处理;如果老人有其他建议,可以直接告诉我们,我们会认真思考,将其转化为合适的方法后,再去解决问题。同时,也希望老人能给我们一点时间,不要过于着急,让我们陪伴孩子,慢慢处理相关事宜。

对于其他亲属处理方式也可以采取类似的方式。总之,就是既要和他们划清界限,明确养育孩子主要是父母的责任,又不能因此破坏与他们的关系。我们可以向他们表达感谢,感谢他们的关心和好意。对于那些过度热心、过度关心的亲戚朋友,我们既心领他们的好意并表示感谢,也要坚定地表示养育孩子这件事请他们不要插手。除非在某些特定情况下,我们觉得有些事情需要通过某一方亲属来传递信息,则可以另当别论。

通过这样的理念,我们就能清晰地理顺老人和亲戚与孩子教育问题之间的关系,避免把问题进一步扩大,也不会出现爸爸只听爷爷奶奶的意见,或者妈妈只听姥姥姥爷的意见的情况,使夫妻之间因为这些外部因素而出现更多不理解、不配合的情况。

当孩子出现问题时,夫妻两人能够达成一致的养育策略是极为重要的一件事情。夫妻同心,携手应对孩子出现的问题,这件事情处理起来就会比较容易,孩子恢复的速度也会比较理想。然而,现实中我们经常会遇到一方不配合,或者双方的教育理念完全相悖的情况,让人苦不堪言。如果遇到这种情况,第一步就是调整好自己的心态。我们要知道,这是每个家庭成长过程中的必经阶段。夫妻意见能够完全一致的家庭是极少数的。因为每个人的信念、价值观、成长路径、行为准则、所接受的教育及认知水平等都存在差异,所以夫妻双方对待一件事情有不同的看法和反应也属于正常现象。同时，这种情况也从侧面反映出夫妻之间原本的关系可能就存在一些问题。所以，夫妻双方也要利用这个契机，努力成为有共同价值观、能够相互理解的伴侣。这样一来，不仅有利于解决孩子当下的问题，对整个家庭的和谐与长远发展也是大有裨益的。

在很多家庭的进步模式中，常常是夫妻中的一方先开始接触相关学习内容，而另一方起初并不认同，甚至会心存怀疑、加以限制。不过随着先学习的一方不断做出改变，且效果显著之后，另一方也就逐渐认可了这种学习的必要性，进而跟着一起学习。

在这个过程中，还往往会出现这样一种情况，学习过的一方回到家后，就开始指责、抱怨另一方："你看你这里做得不对，那里做得不好……就是你这么做才导致孩子变成这样的，你怎么不学习？""我们学习班的老师说过了，当众指责孩子会伤孩子的自尊心。你看看你，昨天聚会的时候，当着那么多亲戚朋友的面，你又指责孩子。孩子好不容易有了一点信心，又被你给打压了。"……这样的指责抱怨并不可取，不但不利于夫妻关系的和谐，也可能会给家庭氛围带来负面影响，进而影响孩子的恢复和成长。

请务必记住：你通过学习获得的知识只需运用在自身的改变上，而不要将其作为指责、批评他人的依据。一旦你用所学知识针对他人，结果往往会让对方很气愤，如此一来，对方就会对你学习课程产生非常强烈的抵触，也就不愿意去学习，无法走进学习提升的环节，最终导致双方都再不学习，甚至家庭面临问题也比之前更加严重。

正确的做法是，当一个人开启学习之旅时，他首要的任务就是进行自我改变并勇于承担责任。改变应当从自身开始，毕竟谁学习谁就能从中受益，谁学习谁就需要担当起这份责任。当你成功改变了自己，慢慢地、自然而然地就会对身边的人产生影响。

在家庭关系和孩子教育等问题上，只要坚持自我改变，不断用积极的自我去影响他人，最终也能让家庭氛围等方面变得越来越好。

我们必须清楚地认识到，指责的方式是毫无用处的，无论是对另一半和孩子，还是对其他人，皆是如此。因为对方会这样想：你不是声称自己通过学习已经有所改变了吗，可是你对待我的方式和之前相比并没有任何变化。你无非就是学了一些知识，然后变得趾高气扬了，好像自己更有道理了，还对我提出了更高的要求。如此一来，对方的感受只会变得更差。

当对方感受不到你有好的变化的时候，你又有何说服力去影响他人？更别指望能要求对方跟你一起学习，走入课堂了。如果你在学习归来之后，依旧向对方抱怨，不懂得自我反省，那么结果往往会适得其反，让情况越发糟糕。反之，如果你能开始反思自身，不再埋怨，而是诚恳地对另一半诉说："经过学习我才恍然大悟，这么多年来，始终默默包容我的人正是你。我曾经出现过一些问题，也正因如此，才致使咱们的孩子出现了一些困扰。我往后必定努力改变自己，学会以正确的方式去爱你和孩子。"我想，大部分人在听到自己的爱人如此坦诚地进行自我检讨，并且毫无保留地将责任全部承担下来时，必然会察觉到爱人通过学习所取得的显著成效与巨大进步。在这种情况下，其内心也会有所触动，进而思索自己是否也应当有所收敛、是否需要谋求成长与改变、是否应该改善自身脾气，以及是否要在某些方面给予另一半更多的体贴与关怀，甚至会认真考虑是否要逐步踏入学习的殿堂，与爱人携手共进。如此一来，另一半也极易受到感染与影响，夫妻之间也就更易于达成彼此扶持、携手前行的良好状态，做到真正的心心相印。

当夫妻双方能够共同成长、共同学习的时候，各类事务处理起来就会得心应手，自然而然会事半功倍了。此时，你们就像一个优秀的团队，在统一的思想和理念引领下，经过共同的努力成长，无疑会给孩子带去更多正确的影响和积极的改变。所以一定要构建良好的夫妻关系。一旦夫妻关系改善了，亲子关系也会随之改善。

二、如何正确处理夫妻关系

在此，我为大家提供几条建议。

1. 在面对任何事情时，只聚焦于感情层面的沟通，而非事情本身

那些处理不好关系的夫妻几乎都存在一个共性问题：在相处和在处理问题的过程中，他们仅围绕事情展开讨论，而忽略了感情层面。尤其是在有了孩子之后，生活仿佛只剩下对事情对错的评判，而不再提及感情的深厚与否。然而，如果只围绕事情进行讨论，就很容易在立场或观点上出现分歧。毕竟每个人都有自己独特的见解和思考方式，也就很难判定究竟谁对谁错。另外，家应该是充满爱与关怀的港湾，而不是讲理的场所。就算在和爱人的争吵中靠道理取得了胜利，却会逐渐输掉彼此之间珍贵的情感，这无疑是最不明智的做法。

有智慧的人在处理夫妻关系时，往往会把事情上的冲突暂时搁置，不去分辨谁对谁错，而是先处理好感情方面的问题。感情融洽了，夫妻之间就会具有更强的容忍度和包容度，关系自然更加亲密，如此一来，事情反而会变得简单许多。

2. 关注对方的优点，同时有意识地忽视对方的缺点

也许有些家长会提出疑问："如果我们现在的关系已经非常糟糕，彼此之间几乎没有感情了，那该怎么办呢？"那么，请想一下，你们是否打算继续好好经营婚姻？

其实，夫妻关系在某种程度上和养育孩子有相似之处。孩子都想亲近那些能够欣赏他们的人，夫妻之间又何尝不是如此？很多夫妻每天紧盯对方的不足和缺点，长此以往，曾经培养出的感情也被消磨殆尽。可是回想一下当初恋爱时，彼此甜蜜恩爱，不正是因为眼中看到的都是对方的优点吗？

如何为家庭营造一种恩爱的氛围？关键在于学会看到对方的优点，无论是孩子的优点，还是妻子或丈夫的优点，都要用心发现，彼此给予肯定和鼓励，做到及时赋能，让双方都能感受到与对方相遇是最幸福的事情。我们如果能够做到这一点，那么夫妻关系以及家庭氛围就会得到改善。当然，实现这一切的前提是，我们愿意为了家庭付出努力，想拥有一个夫妻恩爱、和谐美满的家庭。

3. 充分尊重对方的意见

有些人比较固执，既不愿意接纳他人的意见，也不愿意通过学习提升自己。遇到这种情况，我们不能和对方对抗。这时我们可以参考第一条建议：在面对事情时，只聚焦于感情层面的沟通，而非事情本身。此外，还要充分尊重他们的意见，学会适时地示弱，比如可以就一些问题向他们虚心请教。

如果这三条建议你都能做到并且灵活运用，那么我相信家庭关系方面的问题大家都能较好地解决。

后　记

　　一直以来，我总是觉得心里还有千言万语要和家长朋友们倾诉。我写这本书的目的并非仅仅是让大家学习子女教育的知识和方法，而是想助力每一个孩子早日摆脱困境，走出阴霾，希望每一个家庭都能变得更加美满幸福。

　　家长学习教育子女的过程，也是不断提升自己认知的过程。认知决定了我们所做的每一个选择，而这些选择又进一步决定着我们的命运走向。倘若我们自身停滞不前，不去成长、不去改变，那么我们便会将自身局限的认知传递给下一代。用我们有局限的认知去左右孩子的人生轨迹，让孩子终其一生都在为我们的认知局限付出代价，这着实是一件极为可怕的事情。

　　每对父母所行走的道路，从本质上来看，其实是同一条路，那就是借助孩子所出现的各种状况，来反向推动自己成长。如今孩子身上出现的所有问题，都源于我们原本的认知局限或者在教育过程中所存在的不足，我们都被困在了自己固有的思维模式里，而这种思维模式最终演绎出了我们当下的人生状态。

我们的想法构筑起了我们眼中的世界，似乎每个人都很难突破自己所秉持的观念，难以走出自身认知的局限，就仿佛为自己打造了一个由观念认知构筑而成的牢笼，而我们自己甘愿沦为这认知牢笼中的囚徒。

在这一生当中，如果我们能和家人携手共进，一起成长，那么生活就会变得更加美好。这才是我们送给自己最为珍贵的礼物。

回首过往这些年，确实有众多家庭曾深陷困苦之中，经历过孩子辍学、休学等艰难状况，然而，他们凭借自身的努力与坚持，最终成功地从那些困境中走了出来。如今，这些家庭已然变得无比和谐、美好，孩子也都拥有了灿烂光明的前程。

倘若你还清晰地记得自己曾经遭受过的苦难，并且在这个过程中积累了更为有效的经验和方法，那么在此，我由衷地恳请你将这些宝贵的财富分享给此刻仍深陷泥潭的人。前人曾经踩过的坑，其实就是在为后人铺设一条跨越困境的平坦大道，这便是将爱传递出去的真谛所在。

真心希望我们能够汇聚起所有过来人的智慧力量，与大家携手并肩，一同渡过眼前的这些难关。我坚信，只要我们一路相伴同行，就一定能够奔赴那美好的未来，共同开启一段灿烂辉煌的新征程。